무의식의 평행

무의식의 평행

이승섭 시평집

마음시회

서문

자아의 의도적 평행

산에 오를수록 가파른 길이 이어지면 산소가 부족해지면서 헐떡거리며 정상에 오른다.

끈기와 집념으로 정상에 오르고 나면 그제야 목적을 달성했다는 성취감과 자신의 승리에 포만감에 빠지고 만다. 그것도 잠시, 다시 산을 내려가야 한다는 무게감이 밀려오듯이 문학도 같은 이치라 보겠다.

물론 순간마다 정진해야 한다는 가치성으로 좌고우면(左顧右眄)할 틈도 없이 자신을 집념과 끈기와 신들려 정신 나간 사람처럼 고백할 때마다 희망과 소망을 마주 보면서 때론 오만과 사치로 정상을 꿈꾸며 전사의 기백으로 땀과 노력으로 바꾼 적이 수없이 많았지만 사실, 베스트셀러라는 명패는 착용했다 하나, 필자의 소득에는 미문이다. 논리의 그물을 펼치느라 언제나 표정은 일그러지고 얻어진 필자의 줄기가 단맛 신맛 짠맛은 아니기에 더욱 갈증을 느끼는 것이 아닐까?

그러나 세상의 표정과 가치 의식을 부여잡으려 애를 쓰면서 이런 방편으로 편린을 모아 본 것은 사실이다. 요즘의 현실은 시대와 세대를 갈라놓고 방향이 어느 길로 가고 있는지 도무지 알 수 없지만 '자유의 가치'가 높이 세워지는 날이 올 것이라 확신하면서 『자아의 의도적 평행』이 아닌 세계화의 역동적인 시대를 기다리면서 다람쥐가 체바퀴 돌 듯 늘 그 자리가 아니라 자유 가치가 춤을 추는 범 지구화 시대를 기대한다.

상대적 상처를 남기고 정치, 사회가 난망인 현실, 고통, 아픔을 기쁨으로 전환하고 고통을 희망으로 바꾸는 마술사는 아닐지라도 작가의 하루는 평범한 사람들과 다름이 없다.

그러나 작가는 코끝으로 미지의 향기를 맡을 수 있고 아픔과 절망에서 희망의 빛을 찾아 나선다는 점에서 작가의 하루는 가치의 의미를 갖는 것이다. 작가는 언제나 독자와의 대화를 갈망하고 있다는 사실들- 작가들 모두 또한 독자들과 함께 느낄 때가 되었노라고 목소리를 외치고 싶어 다소 생소하고 어려운 평행이라 하지만 필자 나름대로 서술하고 싶어 제10집에 실었다.

평행이론이란 서로 다른 사람이 같은 인생을 사는 이론이라고 나와 있다. 그러나 삼라만상의 평행우주와 아예 무관하지는 않다. 평행우주는 또 다른 세계의 <나(자아)>가 존재할 수 있다는 이론이고, 평행이론은 또 다른 시간대의 나와 같은 운명을 사는 사람에 대한 이론이기에 자신의 분신이라는 의미에서는 비슷할 것 같다.

평행이론이라 하면 사실 모든 우주의 사물을 가리키는 것이라 하여 서로 다른 시대를 사는 두 사람의 운명이 같은 패턴으로 전개될 수 있다는 것으로 나무위키, 백과에 나와 있지만 이론으로 따진다면 에이브러햄 링컨과 존 F. 케네디의 평행이론이 대표적이다.

때로는 정치인들의 부패와 몰락을 이야기할 때 평행이론을 회자한다. 하지만 '이론'이라기보다는 사실상 몇몇 우연의 일치를 끼운 것이라는 것- 과학적 근거가 없는 그저 도시 전설에 가깝다는 이야기도 있다.

필자는 사실 논술에 가까운 것이 아니라 문제를 서술적으로 정립해 보려 하였고, 나름대로 일목요연하게 바탕을 준비했다면 과한 문맥인지는 모르나 요즘에는 서로 비슷해 보이면 무조건 평행이론을 주장하는 경우가 비일비재하기 때문이다. 어떤 경우에는 역사적 흐름과 문화가 비슷하다는 이유로 평행이론을 서술적으로 기술하는 면면도 보았다.

그러나 필자는 독특한 언어의 인용도를 어필하려 했으며 개성적, 정신 가치를 불어 넣으려 심혈을 기울였고, 글에 대한 혼의 사상 가치를 투척하는 필자만의 사상을 독자들에게 공유하고 싶어 다시 한번 조심스럽게 상재한다. 신선하고 유용한 서술 책은 아니라 보지만 너그럽게 이해하고 푸근함으로 독자에게 일독을 권하는 바이지만 우리네 세상도 <자아의 의도적 평행> 즉 인식이 아니기를 바라면서 펜을 놓는다.

2024. 초겨울
이승섭

차례

서문/4

제1장
언어의 성찬

현대 시에 대한 1세기 변화의 정통성 찾기/ 14
21세기 시문학 어떻게 변화할 것인가?/ 24
현대문학의 평행이론/ 35
언어의 성찬/ 65
이제 정신 문학의 정당성을 찾을 때/ 73
시대적인 갈등과 새로운 시선/ 81

비워야 채워지는 문학의 속성

시의 상상 시의 논리/ 93
비워야 채워지는 문학의 속성/ 100
상식이 흔들리는 사회의 문학인으로 살기/ 107
한국문학의 평행이론2/ 65
그리움의 사랑과 이별 의식/ 135
사색의 고독과 깊이의 서정/ 145

제3장
정신과 마음

시의 정신과 마음의 죽도/ 159
꿈과 자연, 희망의 조화/ 165
표정의 소재와 아가페 사랑/ 172
계절의 정서와 이미지 감각/ 181
프롤로그 의식의 기준/ 189
시의 풍경 이미지/ 202
사물과 변형의 시/ 212
스승의 상상 논/ 219

문학은 늘 시대와 사회 환경에 따라 수용하고 변하지만
다시 원형으로 돌아가는 관성을 가지고 있다.

제1장
언어의 성찬

현대 시에 대한 1세기 변화의 정통성 찾기

현대 시 1세기의 변천과 과제

　우리의 현대 시에 대한 문학 찾기를 제 7권 『문학의 혼을 말하다』에서도 언급한 바 있다. 하지만 그 당시에는 정권이 바뀌지 않은 상태에서 나름대로 문학의 정통성 찾기를 다하지 못한 상태로 책이 상재되었다. 이제 자유민주주의를 기치로 하는 정부가 들어섰기에 좀 더 구체적으로 들여다보고 자유문학의 정통성을 찾을 때가 되었다고 보기에 주관적인 입장에서 절름발이 문학 시대를 파헤쳐 보고 논리를 정립해야겠다는 의지에서 시작한다.

　문학이 인간의 모습을 기록하고 표현하는 것은 상관을 벗어날 수 없는 한 문학의 표현은 곧 민족이 살아온 모습을 유추하고 연구를 할 수 있다. 예를 들자면 한글의 언어는 주어가 둘이거나 아예 없어도 뜻이 통할 수 있다. 이것은 우리 민족이 강대국 사이에서 살아온 결과물로 증명이 된다.

 우리가 그리는 용(龍)의 발가락은 넷 아니면 여섯이고, 중국은 다섯이다. 왜 그런가 하면 갑오개혁 이전까지 <네 죄를 네가 알렸다>엔 서양 문화에 대한 논리적 파헤침이 아니라 당사자에 의해서 고백될 수 있는 여지의 애매성이 담겨있고, 삼복더위에 뜨거운 국물을 마시고도 "어, 시원하다"라고 말하는 표현법을 이해할 수 있는 데에는 한국의 오랜 전통의 문화를 이해하기에 가능하지만 우리의 표현법은 수식사, 형용사나 부사가 많은 것도 오랜 민족이 살아온 애환이 들어있기 때문이다.

 우리의 문학을 조윤제가 '은근과 끈기'라고 말한 것도, 우리 문학을 정확하게 이해하는 데서 나온 말이며 정몽주의 <단심가>를 끈기에 대입한다면, 은근히 밝은 것보다 오히려 애매모호한 표현에서 나온 우리의 전통이자 삶의 흔적이다. 이는 반만 년 동안 강대국 사이에서 우리의 생존을 지키는 존재 방식이었기에 우리의 언어로 굳혀졌고, 표현으로 나타난 것이 우리의 문화, 즉 은근과 끈기와 인내심이었다.

 사실 한국 현대문학은 소설이나 시, 모두 절름발이로 출발이라 보는 것이다. 어쩌다 시인이 된 최남선의 『해에게서 소년에게』와 이인직의 신소설 『혈의 누』 또한 문학성으로의 가치보다는 오히려 사건적인 기록 문제-이런 현상이 1세기가 지난 지금도 과연 한국문학은 문학의 본령에서 얼마나 확고한 모습을 증명할 수 있을 것인가에 대한 생각은 저마다 다를 것이다.

  1세기를 반토막으로 잘랐을 때 전반부는 일제강점기에서 숨죽이는 표현과 또 KAPF(조선 프로레타리아) 예술가동맹이라는 이념의 이데올로기에서 나포된 시기였다면, 후반기에는 해방에 이어 60년대 이후 민중문학_필자는 능동적 소수라 칭한다. 이와는 상반된 의식을 가진 순수 수동적 다수로 구분한다. 전자는 문학의 그릇을 정치라는 목청에 전부를 쏟아부어 결국은 문학 자체를 잃었고, 악다구니 게임으로 도로에 허송세월 보냈다고 치부한다.

  사실 문학은 정치조차 문학의 표현으로 승화할 수 있는 대상이라 하지만 정치를 대결의 대상으로 상대하다 보니 문학적인 표현을 놓치고 목소리만 앙상하게 남게 되는 결말이 70년대 이후 80년대 중반까지 이어졌다. 이는 불안이나 절망조차도 문학적으로 승화되는 현상을 비문학적인 방법으로 해결하려는 잘못된 발상으로 비롯된 것이라면 이것은 분명히 어긋난 파행적 문학이었다고 보는 것이다. 즉 최남선 이후 청록파나 생명파의 등장이 가져오는 의미는 이 점에서 <현대 시>라는 말에 어울리는 시작이 되었다고 보는 것이다.

다시 또 절름발이 출발 문학

이른바 능동적 소수의 민중문학– 현재는 한국 작가회로 명칭을 바꾸고 문학성이 실종되는 어둠의 시기로 접어들었고, 이런 추세는 1985년을 정점으로 소강 국면을 맞이하게 되는 것이다. 이에 직접적인 원인은 정치와 문학의 혼돈이 부른 절름발이 문학이라는 현상에서 반성의 목록이 따라다닌다.

정확하게 말한다면 박정희 정권의 시기(긴급조치 1.2.3, 계엄령 등)와 심지어 이데올로기를 정치 메커니즘에 이용하는 불합리의 시기에 시를 통해 반항이니 저항이니 하며 깃발을 들었던 결말이 모순의 표현을 낳게 되었다는 점이다. 다시 말해서 민주화라는 목록으로 독자의 호응을 얻었고 이어 통일 또는 민족, 리얼리즘 등 현란한 목록으로 독자의 입맛을 유지하면서 무려 20년 동안 민중 타령의 시, 문학성은 없고 다만 짧은 형식을 선택하여 정치적인 구호를 가미하는 격앙의 감정 노출로 한국시를 재단하는 일이 한국 시단의 주류인 양 행세하는 모습이 아직도 그쪽을 추종하는 일이 벌어지는 일이 횡행하고 있으니 참으로 개탄스럽기만 하다.

여기에는 황색저널리즘의 센세이셔널한 편향성이 더해져서 적은 숫자의 민중그룹은 계속 사회적 전적으로 등장하여 소수가 주류 행세가 되었다. 무려 18년 동안의 박정희 정권하에서 전두환 정권, 노태우 정권까지의 긴 세월 동안 이런 불합리한 문학적인 절름발이 행진이 지속되었고, 급기야 88올림픽을 계기로 이데올로기의 그물망이 벗겨졌지만 김영삼 정권 당시 민중그룹을 동지로 여기는 문화정책이라는 허울로 편향성은 더욱 일방성을 갖게 되는 바 다시 김대중 정권이 들어서면서부터는 노골적으로 좌편향 좌파 문화계를 접수하게 되며 이어 노무현 정권 들어 소수의 좌파 문학이 한국 문화계를 장악하는 계기가 되었다. 참고로 민중은 1천4백여 명이고 그 반대인 순수그룹은 1만 명을 넘어서는 숫자였지만 소수가 다수를 집어삼키는 형국이었으니 더 무엇을 말하랴.

아이러니컬하게도 이른바 민주화를 주창한 권력에 들어서서는 더욱 좌경향의 문인들이 한국문학의 전 분야를 통일이라는 포장으로 순수계열의 문인들을 추운 벌판으로 내모는 현상이 가속화되고 있다는 현실이다. 필자가 말하는 대로 대통령은 바뀌었지만 정권은 바뀌지 않았다는 소리가 여기저기서 아우성인 것을 보면 알 만하지 않겠는가?

그로 인하여 한국문학이 척박해지는 칼칼함을 자극하는 일들이 아직도 버젓이 일어나고 있으니 참으로 내로남불의 적반하장이 아닌지 묻고 싶다. 사실 문학은 이데올로기조차 표현의 대상이 되고 또한 당연히 소재의 근거가 될 수 있다고 보지만 승화된 작품이 아니라 목청만이 높은 시합인지 떼거리의 문학인지? 산업화 시대와 민주화라는 시대에 정치적인 시를 써서 노벨문학상 후보 목록에 올랐던 김지하는 무슨 문학성의 결과물인지?

지금은 성희롱 사건으로 인하여 자취를 감춘 고은을 말한다면 문학적 업적이라 할 만한 작품이 없으며, 만인보라 하여 추켜들 세우지만 주위를 돌아보고 어른들의 평론가에게 물으면 7천 보 안 되는 것을 가지고 부풀리고 있다고 하며, 무려 3백만 명이나 백성을 굶겨 죽인 북한의 김정일과 막대한 국고를 탕진하며 김대중의 사이에서 건배사를 올린 시인이라고 밖에 보이지 않는다. 추하게 또 성희롱으로 문학계를 추락시킨 장본인이 아닌가!

문학이란 정신의 문제이고, 문학은 정치가 아니고 글로서만 말하는 것이 순수문학이라 할 것이다.

2006년 10월30일, 금강산에서 남북문인 1백여 명이 모여서 6·15민족문학인협회가 출범했다. 여기에 참가한 남한의 문인들은 북한의 핵 개발에 단 한마디의 언급도 없이 '자제'라는 말 한마디로 만족하고 미국을 점령자라는 「거품의 시」를 낭독하고 끝을 맺었다.

북한의 문학은 오로지 노동당과 김정일과 김정은을 위한 우상 광고가 아니던가. 이데올로기가 문학의 상위 개념으로 압수당한다면 그것은 이미 문학이 아니며 이데올로기의 포로이기에 반대하는 이유가 명백해지는 것이다.

이 글을 쓰는 지금에도 북한의 핵미사일 실험이 계속되고 있는 실정이라면, 이러한 사정임에도 무조건 북한에 추종하는 문인들이 있다면 북한으로 가서 살라고 하는 것이 마땅하지 않을까?

절름발이 불균형의 문학

 문학인의 사명은 치열성에 있다. 그러나 오늘날 치열성의 부재는 문학의 땅을 정체로 만든다는 것이다. 1985년 민중의 시대가 끝났다는 증거는 고은 시인이나 김지하 시인이 초기에 서정성으로 돌아가는 시집을 발간했던 데서 증거를 찾을 수 있고, 그 이후 뚜렷한 상품을 개발하지 못한 민중문학의 흔들림에 근거를 둘 수 있다. 순수 계층의 문학은 항상 미온적이고 고민이 없는 평온을 유지하는 점에서 독자의 각광을 외면했다. 이러한 현상은 여전히 계속되고 있는 듯하다.

 '문학의 위기'라는 말은 아니다. 그러나 여러 형태의 잡지의 자유화 이후 한국 시단은 다시 혼란의 소용돌이에 직면해야 했다. 신인 장사를 앞세워 많은 문학잡지의 출현은 필연적으로 문학의 질에 대한 우려를 가중했기 때문이 아닐까? 한마디로 혼란이고 정체의 소용돌이를 감당할 수 없는 지경에 이르렀다.

 아무나 시집을 발간할 수 있는 대중의 시문학, 그리고 마음만 먹으면 누구나 시인이 되는 시대에 문제 제기는 거름장치가 부재한 데서 따른 것이며, 이러한 시가 인터넷 발전으로 인하여 페이스북, 카톡, SNS 등에 횡행한다는 것이 문제로 대두된다는 데 문제이며 월간지든 계간지든 얼마의 돈만 있으면 시인이 될 수 있다는 무질서한 사회 인식이다.

사실 시는 고도한 문학의 장치를 익히고 배워야 하는 문학의 정수라는 사실이 외면되었고, 다만 짧은 행과 연으로 조악한 정서를 나열하는 형편이 되었다. 이는 시를 위험의 벼랑으로 내모는 질적 문제에 직면하게 되었으니 이런 형편을 제공한 것은 60년대 이후 민중문학에서 그 본류를 찾을 수 있다. 민중의 애환을 소설로 쓰기엔 호흡이 부족하고 긴장에 견디지 못하다 보니 짧은 행과 연으로 노동 현장을 고발하거나 정치에 욕설을 투사한 일들이 작금까지 시를 장바닥 쓰레기와 혼동의 표정으로 만들게 되었다고 보는 것이다.

여기서 거름 장치, 즉 한번 걸러주는 장치 부재에 대한 원죄는 아무래도 비평가들, 문단의 장들 모두 몫이 되어야 한다고 본다. 부화뇌동이거나 서로 눈치 보기, 금전에 끌려다니는 비평가들. 등롱(燈籠)잡이에 만족했던 한국 문단, 비평가들의 실상이기에 필자부터 자성하는 바이며 가능하다면 금전에 눈이 어두워 끌려다니지 않으려 한다.

생명이 있는 영원성

문학은 늘 시대와 사회 환경에 따라 수용하고 변하지만 문학은 다시 원형으로 돌아가는 관성을 가지고 있다. 시, 소설, 혹은 수필, 희곡 등의 이름은 인간의 오랜 삶 속에서 형성된 이름들이기 때문이다.

사물에는 그만의 원리와 매개체가 있다고 가정한다면, 원리를 잠시 일탈하였을지라도 다시 돌아가는 속성이 있기에 변화는 필연적이라 본다. 왜 그런가 하면 원(圓)을 일탈하는 것이 아니기에, 또 지구는 원래 둥글기에 결국 원으로 다시 돌아가고 접합되는 길을 반추하는 것이 인간의 길이고 인간이 만든 문화 순환이기에 시는 문학의 본령이고 원형이기에 변한다 해도 다시 원래로 희귀하려는 운동의 법칙이 작용할 것이다.

 영원성에는 생명력이 들어있기에 '영원'의 이름이 붙게 된다. 한국 시문학의 미래는 결국 혼란의 와중에서 다시 질서의 개념으로 돌아가는 원형이정의 법칙이라는 사실을 알 수 있다. 이같은 현상을 적시하면 미래의 한국 시는 오히려 더욱 튼실한 얼굴로 환생할 수 있을 것이란 예상을 감히 해본다. 혼란의 현재를 어떻게 극복할 것인가의 여부에 따라 한국 현대시의 답안을 마련할 수 있을 것이다.

21세기 시문학 어떻게 변화할 것인가?

변화의 문학 현상

　대한민국의 문학은, 농경사회인 18세기~19세기 산업화 혁명의 여파는 급진적 급속하게 인간 문학의 변화를 가져왔고, 이어 산업화와 함께 자동차, 전기 등은 새로운 패러다임의 3차 산업, 4차 산업의 토대와 전기가 마련되었고, 1943년 컴퓨터 등장과 1976년 스티브 잡스의 위즈니악이 차고에서 PC의 발명은 인간의 문화를 획기적인 시대로 접어들었으며, 컴퓨터의 출연으로 터치의 문학도 급속도로 전환 되었다는 점이고, 여기서 우리가 간과할 수 없는 현상은 Pen문화에서 Power~Man의 중심문화가 컴퓨터의 자판~ 터치로 넘어오는 시기에 여성의 중심으로 전환으로 시작되었으며 그 전환점을 맞는다.

사회 전반에 여성의 역할이 두드러졌으며, 여성이 모든 분야에서 석권하는 이유는 Power의 남성이 아닌 섬세하고 부드러운 여성의 역할이 터치의 역할로 컴퓨터의 자판에 유리한 여성의 장점에서 더욱 눈부신 장점으로 발전할 수 있다 볼 수 있겠다.

문학의 발전 속도는 100년이라는 단위에서 30년을 지나 컴퓨터의 등장으로 단 3년이면 과거의 100년 변화와 맞먹는 진전이 이루어져 있고 점점 짧아지는 추세를 감당하고 어려운 복잡한 시대가 되었다.

이제는 이른바 4차 산업 혁명의 여파를 운위하는 중심에는 AI와 인간의 문화- 기계와 인간의 문화 현상이 나란히 동행하면서 진행되어지고 있다. 심지어 종교조차도 금기가 무너지는 지경에 이르렀다. 이미 지구를 움직이는 서방국가들과 주도적으로 기술이 앞서 나가는 미국, 영국 등은 AI라는 종교까지 등장했다고 몇 년 전 들은 바 있다.

오늘의 인간은 점차 신(新) 원시사회로 진입하고 있는 것이 아닌가 한다. 미국의 IT매체인 와이어드(Wired)sms 구글 출신의 엔지니어 앤서니 래반도브스키(41.Anthony Levandowski)가 <미래의 길(way of the futer)>이라는 이름의 AI 교회를 설립했다. 교회의 목적은 "인공지능에 기반에서 신격의 실현을 개발하고 촉진함으로써 사회발전에 기여하고자 한다고 한다."였다. 이 교회는 구글에 재직하고 있던 2015년 09월에 설립, 종교단체에 부여되는 면세 혜택을 당국에 요청하면서 2017년 실체가 밝혀졌다.

인공지능이 설교하는 것은 아마도 정치(情致)하고 합리적인 설교에 빈틈이 없을 것이라는 데 이른다고 하니 모골이 송연하고 아찔하다. 물론 돌이킬 수 없는 현실로 다가왔다니, 기미스 히사비스가 개발한 알파고와 바둑 대결 이후에 여러 분야에서 경천동지할 일들이 나타나고 있는 것은 어쩌면 놀랄 일도 아니다.

미래학자 레이 커즈와일은 2005년 저술한 <특이점 singulalty>에서 2029년에는 인간 수준의 지능을 갖춘 컴퓨터가 등장하고 2045년에는 기계가 인류를 넘어서는 특이점이 도래할 것이라고 예측한 바 있다.

이런 추세를 추적하면 필연적으로 기존의 직업군이 사라지고 새로운 직업이 등장하는 시대가 올 것이라고 본다. 인간 대신에 컴퓨터가 수술을 하고 변호사, 판사, 회계사, 금융사무원, 의사의 직업이 무너지는 것은 시간 문제라고 보는 것이다.

반면에 사물 인터넷전문가, 인공지능전문가, 빅데이터 전문가, 가상현실전문가, 3D 프린팅 전문가, 드론전문가, 생명공학자, 로봇공학자 전문가 등이 유망직업군으로 이름을 올리고 있으니 가히 어떤 가상현실이 올지는 누구도 장담 못할 것이다. 이런 변화 앞에 인간이 할 수 있는 여지는 기계가 할 수 없는 상상력의 분야로 그것은 앞으로 생생하게 살아남을 것이라 누구나 말을 하고 있다.

상상력의 미래

 예술은 앞으로 주목을 받을 유일한 탈출구일지도 모르겠다. 그러나 시, 소설, 평론, 희곡 등 장르에서는 구조(plot)의 분야, 소설이나 시나리오는 이미 로봇이 쓸 수 있는 단계를 지나고 있는 것은 분명한 것 같다.

 2016년 일본에서는 인공지능이 쓴 소설이 니온게이자이 신문사가 주최하는 sf 소설 공모전에서 1심을 통과했다는 보도는 들었지만 2차에서 낙선했다고 한다. 심사위원들은 어느 작품이 인공지능 작품인지를 전혀 모르는 상태에서 심사를 했다. 아직은 시나 수필 등은 살아남을 여지는 남아 있다고 보는 것이다.

 아시다시피, 4600년 전에 티그라스, 유프라테스 강 사이에 수메르 문화의 유적지에 우르크 왕조 5대 왕인 길가메쉬의 신화를 점성토 636장에 수메르어로 쓴 서사시인 영웅<길가메쉬>를 필두로 시의 길이 시작되었다. 이보다 2천 년 뒤 기원전 600~700년 전에 호머의 <일리아드>, <오딧세이> 이후 시의 발전은 인간 지혜의 발현으로 이어왔고, 이제 그런 현상이 4차 산업의 혁명적인 여지는 문학에도 엄습하고 있다는 점에서 변혁이 가능할 것이라 보는 것이다. 예술에서 가장 보수적인 분야가 문학이라면 보다 속히 그 미래를 대비하는 자세가 필요치 않을까 생각하는 것이다.

 현대인의 사고는 단순하고 단편적이고 장편을 외면한다. 여기서 시 또한 장시이기보다는 짧은 서정시의 아포리즘적(짧은 글)인 현상이 기호를 자극할 것이다.

과거의 명작은 점차 읽히지 않는 추세는 오래된 현상이 되어버렸고, 서정은 이런 견지에서 문학의 중심을 떠나지 못하는 원인이 되고 있지 않은 것인지는 의문이다. 그렇다면 서정시의 계보는 매우 장황하다 못해 우후죽순이다.

본격적인 단초는 BC 7세기 알카이오스와 그리스의 노래를 담은 도리아 지방의 여성 시인 사포와 로마에서는 BC 1세기 카룰로스와 호라티우스가 서정시를 그렸고, 이어지는 르네상스 시대엔 페트라르카, 섹익스피어, 에드먼드 스펜서, 죤 밀턴 등의 서정시로 14행 소네트의 두드러진 발전에 이어 18세기 말과 19세기에는 낭만파 시인들인 로버트 번즈, 윌리엄 블레이크, 윌리엄 워즈워즈, 키츠, 셀리, 위고, 괴테 등으로 계보가 이어졌고 19세기 말과 20세기는 대부분 서정시가 주류를 형성하면서 발전의 계기를 이어왔다고 보는 것이다.

한국의 서정시는 고구려 유리왕의 <황조가>로 시작된다. 왕비 송씨가 죽자 화희와 치희를 후실로 맞았으나 질투로 치희가 궁궐을 나간 외로움을 사이좋은 꾀꼬리에 비유한 서정시의 원조가 이별의 노래로 담아지는 내용이다. 5세기 신라의 향가 25수와 고려가요인 <가시리>와 조선의 3음 중심의 양반 노래인 시조(13~14) 등은 우리나라 서정시의 맥을 이어온 전통의 가락이 아니었나 보는 것이다. 사실 이 시기에는 양반들의 시가 거의 전부였다고 해도 과언은 아닐 것이다.

현대에 들어 1908년 잡지 <소년>에 신체시 <해에게서 소년에게>를 실마리로 주제를 삼지만 이보다 10년 전 1898년 협성화보에 이승만 초대 대통령의 <고목가>라 할 수 있겠다.

슬프다, 저 나무 늙었네

병들고 썩어서 반만 서있네

심악한 비바람 이리저리 급히 쳐

몇백 년 큰 남기 오늘 위태(롭도다)

원수의 딱 짝새 밑을 쪼네

미욱한 저 새야 조지(쪼지) 마라

조고 또 조다가 고목이 부러지면

네 처자 네 몸은 어디 의지(할꼬)

버티세, 버티세, 저 고목을

뿌리만 굳 박혀 반근(盤根)되면

새 가지 새잎이 다시 영화(榮華) 봄 되면

강근(强近)이 자란 뒤 풍우 불외(不畏)하리라

쏘아라, 저 포수 딱 짝새를

원수의 저 미물, 남글 쪼아

비바람을 도와 위망(危亡)을 재촉하여

넘어지게 하니 어찌할꼬?

외세<일제시대>를 딱따구리로 보면서 쓰러지려는 고목을 대한민국의 처지로 상징하는 노래는 절절한 애국심이 오히려 어쩌다 시인이 된 최남선의 <해에게서 소년에게> 생각과는 정신적인 집중이 층위가 완전 다른 관점에서 출발하는 것이다. 이승만 대통령은 1951년 봄, 부산에서 <전쟁 중의 봄> 연작 시조를 썼다

강산을 바라보매 진치는 연기 자욱하고
되 기빨 양 돛대 봄 하늘을 가리웠는데
집 없이 떠도는 이들 생쌀만 씹고 다닌다.

거리엔 벽만 우뚝 선 마슬엔 새 밭 메고
전쟁이야 멀건 말건 봄바람 불어 들어
피 흘려 싸우던 들에 속잎 돋아 나온다.

이승만 대통령은 빼어난 한시(漢詩) 시인이었음은 너무나 잘 알려진 사실이다. 50년대 말 창경원에서 전국 시조 대회를 열고 직접 시제(詩題)를 내기도 했으니 대단한 시조 대통령이라 해도 과언이 아니다.

1920년대에 오면 김소월과 한용운은 당시 시단의 주류가 아니고 사실은 아웃사이더였다. 설익은 외국 상징주의 흉내로 명맥을 이어온 한국 서정시는 1930년대 후반 <시 문학파>와 <인생파> 등에 이르러 본격적인 모양으로 출발을 했으며, 이러한 명맥이 1960년

의 소용돌이와 70년대 민중문학 소용돌이에서 서정시인들은 위축과 민중문학에 의해 뒤켠으로 물러난 시대의 강을 넘어왔다고 필자는 보는 것이다.

왜냐하면 당시에는 민중문학의 맹장들의 거처인 <창비>와 <문지> 등의 중심세력들이 문단의 목청이 너무 큰 사람들이 장악한 한국 서정시의 맥락은 침체와 의기소침, 위태로운 강을 비틀거리면서 오늘에 이른 것이라 보는 것이다.

민중문학의 이론가라고 하는 백낙천이나 고은 등이 문단의 거목 행세로 노벨 문학상이라는 허풍을 부풀린 거품의 본질이 아닌가 보는 것이다. 사실 그들의 작품성은 민중 타령으로 작품성이 없다고 보는 것이다. 왜냐하면 문학이란 휴머니즘의 사상이 중심이 되어야 하지만 이 사람들은 아우성과 민중 이외에는 찾을 것이 없다는 점이 비극 표현의 몰락의 길을 걸었지 않았나 필자는 보는 것이다. 그리고 시대의 아픔이었다고 보는 것이다.

2017년 할리우드의 영화제작자 Harvey Weinstein을 최초 고발한 애슐리 쥬드의 mee too의 파도에 좌초된 현상이 그 얼마나 허약하고 빈약한지 부풀리기인가를 보여주는 것이 아닌가 한다. 문학은 문학성이라는 것이 생명을 키우는 것이 절대 요소이기 때문에 허세와 풍선은 언젠가 터지는 것이 당연한 논리인 것이다.

문학이라는 땅

인간은 자연이 일부인 것이다. 물론 인간이 갖고 있는 모태는 자기 자신이 얼마만큼의 자연과 하나가 되느냐의 따라서 달라진다. 자연이 주는 일부는 인간이 소유하는 것은 적극적으로 수용과 공감을 한다. 그러나 서양의 자연과 동양의 자연은 다르다. 서양은 정복으로의 자연관이며 동양은 조화로의 자연일 때 서로 접근 방법이 다르다 볼 수 있다.

그렇다고 본다면 서양의 사상과 동양 사상의 합일점은 4차산업혁명의 여파 속에서 어떤 것이 더 생명력을 상상으로 키울 수 있을 것인가?

물론 현실에 있어 동서양의 구분은 아무런 의미를 갖지 못하는 상황이 되었다. 왜 그런가 하면 이미 세계는 이미 하나의 지구촌 생활 속으로 모든 것이 통합이 되었다 할 수 있다. 그러므로 통섭의 학문, 통섭의 여파로 문학 또한 그런 경우로 접근되어야 한다는 것이다. 그러나 가장 중요한 것은 상상력의 창조에 중심에 두어야 한다. 이것이 딥마인드의 로봇과의 시합에서 인간의 우월성을 증명하는 유일한 방법이기 때문이다.

하여 상상력이라는 것은 깨우침의 훈련으로 그 높이를 더욱 제고할 수 있다는 점에서 뇌의 인간화를 강조하게 된다.

물론 사고에서 상상을 새로운 시발점이 가지를 만날 수 있고 숲을 만나 상상에서 또 다른 상상의 경지를 가질 때 인간의 문화에 중심 역할을 가질 수 있기 때문이다. 여기서 상상의 원천은 시를 강조하는 이유가 나변(那邊)은 아닌 것이다.

문학의 출발은 인간의 일을 기록하는 일이지만 본질은 인간의 사랑인 휴머니즘의 영원한 명제를 벗어날 수는 없다. 세익스피어나 톨스토이 작품을 읽어도 그렇고 위대한 사상가의 작품 속에는 한결같이 사랑의 이름을 어떻게 실현할 것인가의 방법을 말하는 이야기들이다.

허접한 정치에 매달려 이데올로기의 간판도 아니며 타령조의 애소도 아니며 오로지 인간의 본질에 이르는 문제인 사랑의 길을 찾고 말하는 일이 문학의 숙명이자 길이라는 점에서 시는 그런 상상의 원천에 도달하려는 창조라는 점에서 종교를 대신하는 것은 바로 시다, 라는 매쉬 아놀드의 말을 숙고할 필요가 있지 않을까 하는 것이다.

시는 어떻게 만들어지는 것인지

아미 로우엘은 시는 어떻게 만들어지는가? 에 '모른다'는 단순한 대답이었다. 이는 인간의 창조적인 근원을 묻는 일과 다름이 없지 않을까?

시가 서로 모순되는 사상들의 융합인지를 묻는 영국 시인 그레이브스와 미국의 여류시인 새러 티스데일이 말한 흥분과 긴장의 결과요 해소라는 주장과 백일몽에 가까운 심리적인 상태의 몰입으로 말한 프레스콧의 말 등 한가지로 통일된 정의는 없다. 그러나 잠재된 신비의 상태를 필자가 보는 견지에서는 접신(接神), 즉 무아지경의 신비라고 말하고 싶다.

  사실 공자가 말한 시경을 두고 시 300수를 한마디로 사무사(思毋邪)라는 말에는 무아경의 깊이가 없고 현상적 사실을 정리한 뜻에 불과하다고 말들 하지만 시는 처음부터 끝까지 상상의 길을 재촉하는 일이고 독자 또한 시인이 쓴 시를 통해 상상의 또 다른 창조의 추체험에 도달한다는 점에서 시의 역할은 처음부터 끝까지 창조의 상상을 만드는 길일 것이라는 데 진리가 되지 않을까?

  미래의 문화 현상 또한 밑바탕 위에서 새로움을 구축하는 일이 문화의 근간을 이르는 인간의 절차탁마(切磋琢磨)만이 상상력이라는 결론에서 본다면 앞으로도 시의 역할이 중요할 것이라는 말로 정리될 것 같다고 확신하면서 나가려 한다.

현대문학의 평행이론

프롤로그_의식의 병행
정서는 어떻게 길을 찾을 것인가

　오늘의 나로서는 사실 아버지를 닮았고, 또 아버지는 할아버지를 닮았다는 말을 잇는 꼬리로 추적하면 결국 사회의 공통, 혹은 민족성에서 공통점에 이른다. 이러한 정서는 현재까지 함께 살아오면서 형성된 유사상의 측면에서 파악이 된다. 이를 한마디로 민족의 특성 혹은 사회 관습의 일치성으로 드러나기 때문에 바닷가에서 생존을 영위하기 위한 사람, 산 속에서 삶을 지속한 정서는 다름을 인정하게 되는 특성이 도출된다. 환경이 주는 영향은 인간의 심성이나 행동에 결정적인 영향을 끼친다는 이론은 이미 검증된 사실이기에. 물론 약간의 차이는 내포하지만 유사성의 접근에서는 특성 혹은 자기 개성을 짜 맞출 수 있으리라 확신한다.

가령 김소월의 <진달래꽃>의 시를 서구적인 사람들은 절대로 감동을 가질 수 없을 것이다. 왜 그런가 하면 나를 버리고 가는 사람에게 꽃으로 카펫을 깔아주는 정서가 서구인에겐 보편성을 가질 수 없었지만 우리에게는 삼종지도(三從之道)의 순종 미학이 참되고 착한 도덕적이었던 것을 대입한다면 분명히 차이가 있는 것이다.

물론 이런 논리는 1920년도의 합리성이지만 현대인에겐 전혀 다른 반응이 있을 것이다. 이처럼 정서 또한 변화를 수용한다는 점에서 변화의 길은 있기 마련이다. 앞으로도 그럴 테지만.

변화는 어떻게 오는 것인지

정서는 고정된 것이 아니며 시대적 변화에 따라 변모한다. 예를 든다면 1592에서 7년 동안 임진왜란을 겪고 난 후의 변화.

임란 이전의 문학은 양반의 문학이었고 이후로 내려오면서 서민 문학으로서의 변화를 갖게 된다. 언어도 된소리나 거센소리로의 변화, 가령 갈(刀)이 칼로 변하는 것들은 전쟁의 참화를 지난 후에 나타난 의식의 현상 등이다. 양반만 문학을 하느냐 서민인 나도 할 수 있다는 자각에서 산문으로의 진행이 시작된 것이다. 다시 말하면 격식의 파괴는 사회변화의 매듭에 따라 나타나는 추수(追隨)적인 현상인 것이다.

작가도 평탄한 일생을 살아온 것보다는 굴곡의 삶을 살아 이것을 작품 속에 반영하는 실감이 필요한 이유가 될 것이다. 그렇기에 위대한 명작은 대체로 체험의 원숙한 인생 후반기에 나타나고 시의 경우는 상상의 산물로 인해 인생 전반기에 왕성한 욕구를 표현하**게 되**는 것이다.

의식의 집중화 – 이별과 자연 그리고 물

인간은 자연에서 태어나 또 자연으로 돌아간다. 맞는 말일 것이다. 그렇기에 모든 작품은 자연을 소재로 역할 뿐만 아니라 중요한 배경으로 작동 혹은 대상화가 된다. 강이 있고 강은 바다로 가고 다시 증발하여 하늘로 순환한다.

나무나 풀밭의 초록 등 흡수력을 갖는 자연의 이름은 작품의 주요 배경을 이루고 용해된다. 이별은 만남의 반대이면서 이 또한 순환의 사이클로 인생사를 이루는 요소일 것이니, 인연 법의 고리를 형성하는 셈이 되는 것이다.

문학은 휴머니즘을 실현하기 위해 사회의 축도(縮圖)를 그리면서 비판과 긍정의 모양을 실감으로 재현하려 한다. 왜 그런가 하면 살아가는 과정은 인간과 인간의 마주침이 문제를 만들고 다시 해결하기 위해 투쟁하고 비판하는 과정도 모두 건전한 사회의 구축을 위한 일과 더불어 문학의 영원한 명제인 휴머니즘 구축에 모든 의식을 집중해야 하기 때문이다. 이것이 문학의 영원한 사명일 것이다.

이별의 평행

이별이라는 말은 만남의 반대편 개념일지라도 생로병사 혹은 우주의 원형이정(元亨利貞), 즉 계절의 순환에 해당할 개념인 것이다.

만남은 떠남이 이어지고 다시 만남으로 돌아오는 길이 일정한 궤도로 작동할 때, 인간은 거기에 감정을 개입하면서 기쁨과 슬픔을 연결시켜 주는 것이며 삶의 열정을 매진하는 것이다.

인간은 인간의 줄기에 얽매여있기 때문에 그 줄기를 벗어나는 일이 매우 힘겨운 개념으로 받아드리는 뜻이 이별이다. 부재(不在)로의 거리(距離)를 가질 때, 이별은 문학작품 속에서 비극적인 개념으로 줄거리를 형성한다.

그렇기에 문학의 표현은 만남에 대한 사랑과 떠남에 길을 아쉽게 표현하는 관념이 주요 대상이 될 뿐이다. 그 이외는 무대를 장식하는 소품의 개념일 것이다. 여기서 이별이나 만남은 줄거리의 본질에 질서를 형성하는 인자가 되는 것이다.

우리의 문학작품에서 이별은, 고구려 2대 왕인 유리왕의 <왕조가>라는 서정시에서 그 바탕을 찾을 수 있다. 여자의 질투가 가져온 이별이 남자<왕>의 가슴을 물기로 적시는 줄거리가 한국의 이별문학의 모태가 되었다면 신라 시대는 향기와 정서에 의한 누이의 죽음을 슬퍼한 <제망매가> 등은 일찍이 이별로 서정시의 근간을 이루었다 봐도 문제가 없을 것이다.

고려 475년은 초기 100년을 제외하고 375년이 전쟁과 내우외환의 위기 속에 환과고독(鰥寡孤獨)의 시대였으니 고려의 시인 정지상 또한 대동강에서 이별을 노래한 <송인>도 이별의 문학이었으니 백성 양반, 평민 모두가 참상의 아픔을 감내한 슬픔의 시대였다고 볼 수 있을 것이다.

 雨歇長堤草色多 비 개인 긴 둑에 풀빛 짙은데
 送君南浦動悲歌 남포에서 님 보내며 서글픈 노래
 大同江水何時盡 대동강 물이 언제 마르랴
 別淚年年添綠波 해마다 이별 눈물 더하는 것을
 -정지상 <송가>

대동강을 건너 진남포로 떠나는 임과의 이별에서 대동강 물이 마르기를 기다리는 애절함은 친구 김부식이 시기할 만큼 명작이 틀림이 없겠다. 슬픔의 마음이 묻어 있어도, 질축하지 않고 애타는 마음이 가득하지만 깨끗한 마음의 진정성이 담겨있어 슬픔의 고개를 넘어가는 시인의 정신이 빛나는 것 같다. 양반인 시인이 얼마나 깊고 아픔의 시대가 절절했으면 명작의 이별이 탄생할 수 있었을까.

　다시 말하면 멀리서 오는 파도는 점차 다가오면서 모두에게 파급력을 갖는 이치와 같이 아래로 천민 백성에서부터 높이로 양반에 이르기까지 이별이 거의 전 영역에 아픔의 물살을 덮어 씌었다는 뜻일 것이다. 반면에 당시 양반의 술타령은 <한림별곡>에서 부패한 냄새가 얼마나 자심(滋甚)한가를 알 수 있는 모순의 시대였다. 아마도 우리말로 쓴 <가시리>는 이런 시대의 고통을 가장 잘 쓴 시라는데 일치할 것이다.

　<서경별곡> 또한 이별의 주체가 여성이면서 좀 더 강한 의사가 담겨있음에서 약간의 차이는 있지만 고금을 막론하고 이별은 아픔이고 슬픔의 언덕을 넘는 한탄과 장탄식이 당연한 일인 것이다. 반복 후렴을 제외하고 67자의 <가시리>는 단순히 이별을 아픔으로 노래한 내용이 아니라 빨리 가는 것처럼 "빨리 돌아오라는"는 뜻으로 구속력을 갖고 있음에 현대의 김소월의 <진달래꽃>과는 엄연히 차이가 있다.

　나보기가 역겨워
　가실 때에는
　말없이 고히 보내드리우리다.

　영변에 약산
　진달래꽃

아름따서 가실 길에 뿌리오리다.

가시는 걸음 걸음
놓인 그 꽃을
사뿐히 즈려밟고 가시옵소서

나 보기가 역겨워
가실 때에는 죽어도 아니 눈물 흘리우리다.
-김소월, <진달래꽃>

    1920년대의 사회는 여자는 남자의 종속처럼 대접을 받던 시대였다. 이른바 절대의 복종은 고려의 여인상과는 오히려 더욱 순종적인 유교적 문화의 사상 속에 여자의 길을 숙명으로 받아드렸던 모순의 속내가 <가시리>와 <진달래꽃>과의 거리가 역전되는 전도 현상이 되었다. 이처럼 사회의 기류에 삶에 가치도 발전적인 진행이 아니라 역류 될 수 있다는 증거를 제시한다.

    왜 그런가 하면 1920년대의 여인은 거의 숨을 죽이고 남자의 처분에 따르는 "역겨워 가실 때에는" 진달래꽃으로 카펫을 깔아주는 속내, 사실 속으로는 안가면 좋은 것이지만 적극적인 요구는 깊이 감추어두는 마치 처분을 기다리는 완전 수동적인 자세가 1920년대 김소월의 이별 방식으로 시대를 반영 되었던 것이다.

고려 <가시리>는 오히려 현대적인 적극성의 여성상이라면 <진달래꽃>은 에이츠의 <꿈>과 유사하다는 이양하의 지적은 솔직히 말해서 '나의 생각 가득한 꿈위를 / 그대여 가만히 밟고 내라' 지내라는 점– "꽃을 밟고의" 김소월과 '꿈을 밟고' 지나가라는 에이츠의 방식에는 차이가 있다는 것이다.

물론 로드 바이런의<maide of Athens>와는 이별에서 같은 주제이지만 이스탄블로 시인은 떠나갈지라도 나의 마음을 간직해 달라는 부탁하는 것은 아픔이기보다는 작별에 일반적인 형식이 재치(才致)로 담겨있는 듯하다.

이러한 이별의 노래 중에서 아마도 <가시리>는 짧은 형식 속에 강, 약의 되풀이에서 가장 뛰어난 백미를 창조한 이별 문학으로서 출중하다는 데에는 누구나 이견이 없을 것 같다. 이별에서도 자식과의 이별은 아마도 가장 심대한 통증이 나타날 것이기에 허난설헌 <곡자>에 이르면 처절의 농도가 극치에 이르는 이별이 아니겠는가.

去年喪愛女　지난해는 사랑하는 딸을 여의고
今年喪愛子　올해는 사랑하는 아들까지 잃었네
哀哀廣陵土　슬프디 슬픈 광릉 땅
雙墳相對起　두 무덤 나란히 마주하고 있구나
蕭蕭白楊風　백양나무에 쓸쓸히 바람은 일고
鬼火明松楸　소나무 숲에는 도깨비 불 반짝이고

  紙錢招汝魂   지전을 태워서 너의 혼을 부르고
  玄酒奠汝丘   네들 무덤에 맑은 술을 올린다
  應知弟兄魂   그래, 안다 너의 남매의 혼이
  夜夜相追遊   밤마다 서로 따르며 함께 놀고 있음을
  縱有腹中孩   비록 지금 뱃속에 아이가 있다지만
  安可冀長成   어찌 제대로 자랄지 알겠느냐
  浪吟黃臺詞   하염없이 슬픔의 노래 부르며
  血泣悲吞聲   피눈물 나오는 슬픈 울음 삼키고 있네
  _허난설헌 <곡자> 함종임 <채련>에서

경기도 초월리에 있는 남편 김성립과 후처 홍씨의 묘가 나란히 있고 난설헌은 맨 아래 안장되었고, 그 오른쪽에 두 남매의 무덤이 있어 죽은 뒤로 비로소 함께 지정을 나누는 모정의 애달픔. 먼저 떠나보낸 자식의 죽음은 혈읍비탄성(血泣悲吞聲)에 시의 슬픈 가락으로 이어지며 애석하게 보는 것이 필자의 생각이다.

자식의 죽음은 부모의 가슴에 묻는다는 말처럼 응어리진 한(恨)이 버릴 수 없는 이별의 최고의 정점을 꾸미는 시의 형태가 허초희의 운명적인 비극의 극치를 대변한다. 천붕지통(天崩之痛)을 넘어선 슬픔의 가락에 뼈가 슬어지는 느낌이다.

이별은, 서로 오랫동안 떨어져 있거나 만나지 못하는 것을 사전적 의미라 하지만 드라이한 측면이 감동을 일탈(逸脫)한다. 사랑이라는 말도 남녀가 좋아함에 이르면 느낌이 매우 삭막함을 느끼듯이 그렇듯 문학적인 수용으로의 이별은 아픔과 눈물, 그리고 회색의 절망이 깊은 상심을 유발하는 지경에 사전을 간과한 점에서 깊이가 없는 것이다.

얼마나 깊고 처절한 인상을 창조하는가의 문학- 시의 가치를 가져올 수 있다면 이는 체험의 농도가 결정 요소로 작동하리라 본다. 다시 말하면 똑같은 이별의 용어일지라도 비극적인 인식과 재치의 인식에서 차별이라 할 수 있겠다. 자식의 슬픔을 슬퍼한 어머니로서의 허난설헌의 이별은 남녀 사랑에 대한 이별과는 또 다른 절망의 길이 넓어지는 느낌이고 바이런, 에이츠, 김소월의 이별에는 처절성의 농도가 얕은 이별의 형식일 것 같다.

2) 대자연

모든 인간은 자연에서 자라고 자연에서 산다고나 할까. 다시 말하면 자연을 응감(應感)하면서 대상으로 바라보는 소재와 자연으로 돌아가고픈 갈망과 자신도 대상화로서의 소재가 되기 때문에 이 무한대의 대자연의 넓이에서 문학은 언제나 배경의 역할이다.

인간이란 주체로 활동하고 자연은 인간이 어떤 상황에 처한지를 보여주는 상징으로 이름을 대신하는 것이다.

미국의 삼림 시인 헨리 데이비드 소로우는 메사추세스의 콩코드에서 태어나 그곳에서 죽은 시인이자 철학자다. 그가 1854년 2년 2개월에 걸친 월든의 숲속에서 홀로 오두막을 짓고 기거하면서 기록한 <월든>은 대자연과 인생의 참된 삶의 천착에 바친 실험의 저서가 아니겠는가. 이 책은 많은 사람들과 자연의 위대한 에너지를 어떻게 바라볼 것인가의 철학적인 명상이자 많은 교훈을 담고 있다. 물론 동양에 노자와 장자의 철학 또한 대자연의 대상화를 비유로 살아나게 한 철학서이지만 난해의 숲이 울창한 것이 일반인에게는 난이도가 높은 단점이지만 소설에 처음 도입은 항상 전체 줄거리의 예보적인 역할을 암시하고 있는 듯하다.

음산한 영국의 날씨와 줄거리의 전개가 안개 자욱한 날씨로 시작하는 에밀리 브론테의 소설 <Wuthering Heights>는 도입부의 자연 묘사는 남자 주인공 히이드클리프와 주인공 나와의 운명적인 전개를 예고하는 <폭풍의 언덕>으로 상징되는 것이다.

소설의 도입부터 전개를 해보겠다.

<웨더링 하이츠>란 히이드클리프 씨의 집 이름이다. <웨더링>이란 그 지방에서 쓰는 함축성이 많은 독특한 형용사로 폭풍이 불 때는 위치 관계상 그 집이 정면으로 그 바람을 받기 때문이었다.

정말 그 집 사람들은 줄곧 그 꼭대기에서 일 년 내내 그 맑고 상쾌한 바람을 쐬고 올 것이다. 집 옆으로 서너 그루 자라지 못한 전나무가 지나치게 기울어진 것이나, 태양으로부터 자비를 갈망하듯, 모두 한쪽으로만 가지를 뻗고 늘어선 앙상한 가시나무를 보아도 등성이를 넘어 불어오는 북풍이 얼마나 거센가를 알 수 있으리라. 다행히 이 집을 지은 건축가도 그것을 생각해 집을 정말 튼튼히

지었던 것 같다. 좁은 창틀은 벽에 깊숙이 박혀있고, 집 모서리는 크고 울퉁불퉁한 돌로 튼튼하게 지어 있었으니 말이다.

 <웨더링 하이츠>는 요오크사 지방의 황야를 무대로 사랑과 증오의 이야기가 주변의 환경 묘사와 일치하는 이야기로 전개된다. 사실 핵심구절은 '집 옆으로 서너 그루 제대로 자라지도 못한 전나무가 지나치게 기울어진 것이나, 태양으로부터 자비를 갈망하듯, 모두 한쪽으로 만 가지를 뻗고 늘어선 앙상한 가시나무를 보아도 산등성을 넘어 불어오는 북풍이 얼마나 거센 것인가를 알 수 있으리라'에 앞으로 전개될 인간관계의 설정이 음산하고 거센 북풍에 주인공들의 개성과 맞닥트리는 암시를 엿볼 수 있는 황량한 대자연의 설정이 아니겠는가.

 반면에 김동인의 단편 <배따라기>는 다소 미숙한 형태로 도입부터 흔들리면서, 화창한 봄날의 묘사로 서두가 시작된다.

 좋은 일기이다. 좋은 일기라도 하늘에 구름 한 점 없는. 우리 <사람>으로서는 감히 접근 못할 위험성 가지고, 높이서 우리 조그만 <사람>을 비웃는 듯이 내려다보는, 그리고 교만한 하늘은 아니고, 가장 우리 <사람>의 이해자인 듯이 낮추 뭉글뭉글 엉기는 분홍빛 구름으로서 우리와 서로 손목을 잡자는 그런 하늘이다. 사랑의 하늘이다.
 _김동인 <배따라기> 서두

우선 서두가 너무나 장황하게 나열된 듯하다. 가령 <마지막 잎새>의 오 헨리 같으면 간편하게 『It's fine spring day』의 한 문장으로 표현할 수 있는 묘사가 장황하게 6행을 추가한 것은 그 미숙성을 암시한다. 그리고 주인공들이 불구이거나 죽음의 그늘이 있는 삼일운동이 실패로 끝난 1920년대의 우울한 사회 풍토에서는 화창한 봄 날씨의 전개가 어색하지 않는가.

신석정 시인은 대 자연과 밀접한 시적 접근이 그의 수필에서는 더욱 강조점을 마련하고 있다.

40평 남짓한 앞뜰에 그저 되는 대로 질서 없이 심어놓은 나무가 시누대, 식나무, 수수꽃다리, 태산목, 꽝꽝나무, 북 가시나무, 칭영수, 백목련, 독일가문비, 이팝나무, 치자나무, 뽀뽀나무, 동백나무, 호랑가시나무, 낙우송, 산수유, 국로, 감나무, 모란, 청매, 벽도, 은행나무, 후박, 철쭉, 박태기나무, 개나리, 서향, 파리똥 나무, 죽도화 등 30여 종이 있고 이밖에 장미 10여 종이고 보니 그 면적에 비하면 초만원인 셈이다. 이 나무들 사이에 수선화, 백합, 국화, 파초, 등 숙근초(宿根草)가 자리를 잡고, 콘크리트 항아리에는 백련이 있어 모두 제철을 기다리고 있다.
　_신석정 수필<정원 이야기>에서

신석정의 시는 우아하고 정서적인 노랑색 <촛불>과 <슬픈 목가>에 주류로 등장하고 있고, 어머니의 죽음과 동시에 이런 현상이 사라진다. 나무를 주체로 보면 신석정의 정원은 초만원의 욕심이 자연의 구성을 이루고 있다. 가짓수로 보면 나무들이 제대로 자랄 수 있을 것인가를 염려해야 할 지경이다. 이는 달리 말하면 초목을 사랑하는 신석정의 시심을 유발하는 대상으로 노장사상의 침투와 연결 고리를 가질 것으로 유추가 된다.

1) 산 경관, 초목 경관

유명한 시인들은 자연을 소재로 선택하는 시적 표현이 압도적이다. 왜 그런가 하면 자연과 경관을 떠나서는 시심의 근거가 작아질 뿐만 아니라 주제가 약해지기 때문이다.

평생 산천초목을 바라보아도 앞산은 앞산으로 있고 뒷산은 뒷모습으로 우뚝 서 있지만 인간은 다른 감각을 동원하는 것은 마음의 탓이기 때문이다. 2.30대에 보는 산이 다르고 4.50대에 보는 산이 또 다를 것이기에 60의 마루턱을 넘어 올라보지 않고서는 누가 감히 산천초목의 산의 진미를 안다고 할 것인가, 는 신석정 시집 《산의 서곡》에 머리말로 쓴 조지훈의 글이다. 산을 현상으로 바라본 시선과 나이 들어 산을 바라보는 산의 모습은 전혀 다르기 때문이다.

젊은 날의 산은 정복으로 올라보고 싶은 충동이라면, 나이 60을 넘어 산은 정복이 아니라 가까운 친구의 체온과 같이 친근미를 갖는 것이 사실일 것이기에. 조지훈은 이런 산의 묘미를 서문에 새겨 새겨 놓았음은 매우 조숙한 가치판단이었을 게다. 그는 50 이전에 운명했기 때문이다.

1. 산

<파아랗다>

2. 넌지시 뻗어 나간 저어 산맥을 보아라

<햇볕이 강물처럼 흐른다>

3. 아슬아슬 저어 봉우리를 보아라<휘휘 칭칭구름이 감았다.

4. 말없이 얼싸 않은 산협과 산협을 보아라

< 퍽은 다정도 하이…>

5. 어깨와 어깨를 맞대고 껴안은 산

<따스한 체온이 돈다.>

6. 볼과 볼을 문지르고 있는 산

<연거푸 주고 받는 뜨거운 kiss>

7. 이윽고 정상…

<정상에 나는 서있다.

_신석정 <푸른 Symphony>에서

1에서 7까지 이어지는 산의 노래 중 7까지만 옮겼다. 신석정을 정원 시인 혹은 목가 시인이라 칭하는 것도 시의 대상이 거의 모두가 자연을 소재로 했고 4.19. 이후 사회 현실에 관심을 갖은 시들은 비교적 각광을 받지 못한 것도 지나치게 경도(傾倒)한 자연현상의 탐닉 때문일 것 같다.

전북 부안의 바닷가에 살았어도 산의 시맥(詩脈)을 두고 자연의 소리를 취합한 신석정의 정서는 자연을 떠나서는 그의 정신이 혼미해지는 느낌과 감정을 갖게 된다. 그만큼 애착으로 자연에 동화되어 그의 시는 형해(形骸)를 담아 표현미를 구축했을 것 같다.

2) 강 혹은 바다

물이란 인간 에너지 정신의 중심인 것이다. 강이 바다로 이어지고 바다는 파도와 파고를 가져오면서 이방(異邦)에의 갈망을 전달하면서 최남선의 신체시 <해에게서 소년에게>는 바다가 서구적 향내 대한 동경으로 이어지고, 어둠으로 상징되는 나라 형편을 깨우침으로 방법론을 삼았던 예지적인 견해와 선지적 사고가 돋보인다. 새로운 문물이 바다를 통해 이입되는 계몽의 길목이었음을 잘 알았던 판단이었을 것이다.

정지용은 내륙 충북 옥천을 그리움으로 채색한 <고향>의 시인이다. 그의 <향수>에는 실개천이 흐르는 어린 시절의 향수가 짙은 음영으로 배어 있지만 <바다 1~5>와 <갈릴레아 바다>와 <호수 1~2> <호면> 등 그의 시에 비해 물의 소재가 많은 편인 것 같다.

고래가 이제 횡단한 뒤

해협이 천막처럼 퍼덕이오.

힌 물결 피여 오르는 아래로 바둑 돌 자꼬자꼬 나려가고.

은방울 날리듯 떠오르는 바다 종달새

한나절 노려보오 흠켜잡어 고 빩안살 빼스랴고

_정지용 <바다1>

고래로 배로 환치(換置)하면- 배가 지나는 길에 파도는 은방울 날리듯, 종달새의 노래를 떨어트리고 가는 모양이 마치 바둑돌의 하얀 포말, 연신 올랐다 내려가는 반복에서 볼 때 외로운 표상으로 그리움을 안고 배 위에서 내려다보는 나그네의 표정- 바다는 두려움의 대상이 아니라 완상(玩賞)으로 가까움을 대상화하는 모습이 너무나 인상적인 것 같다.

오리 모가지는

호수를 감는다.

오리 모가지는

자꼬 간지러워

_정지용 <호수, 2>

순수가 절정을 이루면 천진의 극치에 오르는 것이다. <호수>는 정지용의 마음을 대변하는 아주 간결하고 순수함을 나타내는 시화(詩化)이다.

한국시는 비로소 정지용에 와서 거추장스러운 의상을 벗어 던지고 깨끗하고 아름다움의 신비경에 이른다고 볼 수 있다. 이는 호수와 같은 마음을 가진 시인의 정서와 이미지가 결합하여 천의무봉 시심으로 자리 잡았다는 뜻일 것이다.

인간의 신체 조직은 약 80% 정도가 물로 구성되어 있다. 5대양 6대주로 구성된 지구의 모습이 또한 이러하다.

물은 곧 생명이고 삶의 모든 진행을 영위하는 원소이기에 동물이나 식물은 곧 물에서 존재의 길이 열리는 것이다. 비가 내리면 강물이 되고 강에서 다시 바다로 흐르는 것이 또다시 증발하면서 구름이 되고 구름은 다시 비가 되어 땅으로 내려오는 인영법의 절차가 물에서 암시되는 것이다.

물은 될 수 있는대로
힌 돌이 퍼져있는 곳을 가려서 걸어댕깁니다.
조이 밭 속에서 그 소리를 엿듣는
팔이 부러진 허수아비는
여기서는 오직 한 사람의 시인이외다.
_김기림 <물>

다소 관념적인 시이지만 추구점은 물에서 "가려서" 다닙니다, 에 이르면 시인이 추구하는 물과 가는 것의 지향점이 떠오른다. 어디로 갈 것인가에 대답은 흐름을 유지하면서 상선약수(上善若水)의 노자 적 철학을 꿈꾼다. <보물 섬>과 <지킬박사와 하이드>를 쓴 로봇 루이스 스티븐슨은 <rain>이란 평이한 시(詩)를 썼다.

The rain is raining all around
It falls on field and tree
It rains on umbrellas bere
And on the ships at sea
 _R.L.Stevenson <Rain>

들이나 나무 위에 그리고 온 바다에 혹은 우산에도 눈은 변함없이 고루 내린다. 차별이나 구분이 없는 점에서 수주 변영로의 <봄비>와는 약간 뉘앙스가 다르다. 변영로는 봄비 속에서 누군가를 기다리는 암시가 되어 있는 반면 스티븐슨은 온 세상을 적시는 비의 모양에 초점이 모아진다.

어떻든 비는 세상의 모든 사물을 살아나게 하는 에너지의 근원이라는 주장에 설득력이 있을 것이다. 바다와 친화적인 인간의 삶은 항상 그리움의 공간이 설정되기도 한다.

일주일 동안쯤 파도와 놀다

그만 집으로 돌아가는 길에

함께 가자는 청에

처음엔 그러마 하더니

몇 걸음 지나니 마음이 변하여

다시 바다로 돌아간다는 말에

섭섭하여 놓아주니

깔깔거리면서 손을 흔드는 작별은

너무 아쉬운 것 같아 한참을 바라보노라니

다시 만날 날을 통보해 달라는 부탁이

그나마 위안이라면 안도감이지만

내 생에 다시 만날 수 있다는

약속을 몰라 입을 다물고

뒷모습만 보이고 말았다.

_졸시 <바다의 묘망(渺茫)>

  친밀도라는 것은 시인과 대상에 어떤 교감을 나눌 것인가의 달려있다. 대상을 적개심으로 바라볼 때 무서운 파도의 위압에 지릴 수 있지만 바다와 놀이로 삶을 이어갈 때면 바다는 놀이터의 개념이 되는 것이다.

  필자가 쓴 졸시는, 존 메이스필드의 <바다의 열병>에 "나는 아무래도 다시 바다로 가야겠다" 의 첫 구절부터 친밀도인 것 같아 흐

못하다. 두려움이 없고 친구와 외로움을 달래는 대상화일 때 <바다의 묘망>처럼 하나로 결합을 꿈꾸는 평안하고 시원함을 가져온다. 떼오필 고띠에의 <바닷가에서>도 시각적인 기교의 바다의 정감이 담겨진 것들의 대한 동경과 정서가 서려 있는 듯하다.

모두 바다에서 정서의 고양을 추구하고 있음이 공통적이다. 어떻든 비에서 물 그리고 강으로 변화를 이루면서 다시 바다에서 커다란 꿈의 이름이 순환의 곡조로 되풀이 될 때, 시인의 선택은 항상 자의적일 수밖에 없을 것이다.

사회적 의식 또는 휴머니즘

인간이란 생각으로 삶의 터전을 바탕으로 살아가는 존재이기에 작은 단위인 나로 출발해서 가정 그리고 마음 또는 사회로의 확대 현상이 일정한 집단을 형성한다. 하여 사회적인 존재로 군집- 일종의 사회학적 출발이 시작되는 것이다.

불가(佛家)에서는 사는 일을 고해(苦海)라고 하는 것이다. 이는 평안하고 아늑한 세상이기보다는 고통과 신음이 넘치는 아비규환의 공간이 인간사라는 뜻인 것이다. 여기서 어떤 추구의 길을 선택하는가의 따라 마음으로 길이 결정되면서 자기의 삶에 무늬가 만들어지는 것이 아니겠는가?

슬픔의 피륙을 짤 것인가 아니면 화려한 색상의 비단을 만들 것인가는 누가 만들어주는 것이 아니라 오로지 자기가 만든다는 자기 책임설이 곧 삶인 것이다.

부정과 칼날

사물을 바라보는 사물에는 긍정과 부정으로 나누는 것이 답일 것이다. 전자를 낙관의 태도라 한다면, 후자는 긍정보다는 저항의 칼끝으로 심장을 찌르려는 복수가 때로 시적 위험을 가져올 수도 있다.

이른바 권력에 항거하는 형태를 저항이라 말하고 순응하는 모양을 긍정으로 받아드린다. 모순의 시대에 목소리에 칼날을 감추는 것은 당연한 일이지만 도가 지나칠때는 자기를 찌르는 비수로 둔갑하기도 한다.

한국 현대사에서 70년대부터 모순의 극치에 항거의 목소리가 꿈틀대기 시작했다. 그 최초의 시인은 김수영시인이라 말들을 한다. 죽기전에 쓴 <풀(1968. 05.29)>은 48세 때 마포구 구수동 집 근처에서 버스에 치여 그해 6월 16일 사망하기 전 마지막 작품이다.

김수영은 평가 이상의 평가를 누리고 있지 않나 한다. 이는 한국 시문단의 판단에 병폐가 아닌가. 하지만 엄밀한 분석과 평가에 의해 명성이 성립된 것이 아니라 에피소드로 명망의 성가를 높이는 것이 대부분이라 생각되지만.

사실 결론부터 말한다면 "날이 흐리고 풀뿌리가 눕는다"는 구절은 췌사(贅辭)이기 때문이 아닌가 한다. 아마도 앞으로 시간이 허락된다면 틀림없이 그 구절은 삭제했을 것이다. 왜냐하면 뿌리가 누워서는 논리상 안 되기 때문이고 이는 패배를 인정하는 것이라

보기 때문이다. 한 번 전문을 인용해본다.

풀이 눕는다
비를 몰아오는 동풍에 나부껴
풀은 눕고
드디어 울었다.
날이 흐려서 더 울다가
다시 누웠다.

풀이 눕는다
바람보다 더 빨리 눕는다.
바람보다 더 빨리 울고
바람보다 먼저 일어난다

날이 흐리고 풀이 눕는다.
발목까지
발밑까지 눕는다.
바람보다 먼저 일어나고
바람보다 늦게 울어도
바람보다 먼저 웃는다
날이 흐리고 풀뿌리가 눕는다.
_김수영〈풀〉

지난 60년대 말은 흐린 날씨의 사회라 하겠다. 모순과 불합리가 권력자에 의해 또는 가진 자에 의해 침탈(侵奪)당하는 슬픔의 시대라고 해야겠다. 이때 바람이 훼방의 이미지라면 풀은 저항의 탁월한 이미지 구축의 시어였다. 그러나 맨 마지막 구절은 삭제한다 해도 아무런 의미상의 방해가 안 되고 오히려 걸림돌이 된다. 김철수의 <잡초>와 비교가 되는.

영문학 전공에 미국의 국민시인 월터 휘트먼의 시집 『풀잎 속에서』의 영향을 동시에 받은 두 사람의 일치된 이미지는 오히려 김철수에서 잡초는 불에도 또는 마차의 바퀴가 지나가도 끄떡없는 저항의 이미지가 단단하다. 물론 시적인 완성도에서는 김철수의 <잡초>가 뒤처지는 것은 사실이지만 의미의 전개에서는 건강하다고 볼 수 있지 않을까?

긍정과 휴머니즘

장폴 사르트르는 "실존주의는 휴머니즘이다."라는 말을 했다.

모든 전제(前提)는 실존의 형태로 살아가기 마련이다. 왜 그런가 하면 존재 자체는 피할 수 없는 운명의 굴레이면서 벗어날 수 없는 "고기 잡는 항아리"의 처지가 인간 존재이기 때문이다. 시 또한 결국에는 휴머니즘으로 귀환하는 것이다. 사회의 구성원을 포용하고 사랑하는 방법을 설득하고 말하는 길을 제시할 때 감동은 더 커다란 사랑의 뜻을 가져오기 때문이다.

문학의 영원한 숙명은 결국 휴머니즘의 실천에 방법론의 전개일 수밖에 없다는 결론이다.

시인은 순수와 깨끗함, 영혼이 맑아 추구하는 사랑과 용서하는 사도(司徒)일 뿐, 고함치고 거드름 피우는 존재가 아니라는 뜻이다. 감싸는 보자기를 펼칠 때 추위를 가려주고, 목마름에 물이 되는 것이 곧 시인이기 때문이다.

조국을 언제 떠났노
파초의 꿈은 가련하다

남국을 향하는 불타는 향수
너의 넋은 수녀보다도 더욱 외롭구나

소낙비를 그리는 너는 정열의 여인
나는 샘물을 길어 네 발등에 붓는다

이젠 밤이 차다
나는 또 너를 내 머리맡에 있게하마

나는 즐겨 너를 위해 종이 되려니
너의 그 드리운 치맛자락으로 우리의 겨울을 가리자
_김동명 <파초>

조국을 벗어나 이국의 외로운 고독이 밀물지는 처지를 파초로 의인화 되었다. 갈증이 있고 또 남방을 떠난 몸은 추위에 가릴 수 없는 노출에서 휴머니즘의 뜻이 시인의 마음으로 감싼다. 샘물로 갈증을 시켜주고 추위를 가리기 위해 방안에 기거함을 허락한 시심은 곧 사랑의 마음이다. 더구나 종처럼 시중을 위해 "우리"로 펼치는 마음에는 사랑이 넘치는 시심에 꿈이 더불어 피는 듯하다. 고함치고 욕지거리하면서 살벌한 아우성이 아니라 뜻깊은 호의로 감쌀 때, 세상은 의지할만하고 더불어 살기 위한 서로의 체온 나누기에 바른 사회가 될 수 있음을 <파초>는 역설하고 있다.

　나는 얼마나 깨끗한가

　나는 얼마나 순결한가

　대답이 머뭇거린다

　죄 없음도 죄가 되는

　사는 일이 그렇기 때문

　욕망이 문을 닫을 수는 없지만

　나오지 마라 나오지 말라는

　부탁 더불어

　고개만을 숙이고

　살아 예 이르렀어도

　희색 빛 앞에서 자꾸

　부끄러워지는 내

그림자의 길이에

안도감이 다시

부끄럽다.

_졸시 <순결과 깨끗>

  역설적이게도 세상은 잘해도 때로 비난의 화살이 빗발치는 경우도 있고 너무 정직해도 아픔을 폭포로 맞을 때도 있다. 너무 깨끗하고 순수하며 백지이기 때문에 비난의 과녁은 피할 수 없는 경우도 너무 많다. 그러나 순결함이 미덕이고 깨끗함이 옳은 일이라면 감수의 파도를 넘어야하는 것이다. 왜 그런가 하면 옳은 일이며 바르기 때문이다. 살아가기 어렵다는 뜻은 이러한 경우에도 적용될 것이지만 신념을 개성으로 내세울 때 구름은 항상 비켜갈 수 있다고 생각한다. 순결하고 깨끗함이 인간의 사랑이 아니면 불가능하기에 곧 휴머니즘의 정도에 이르는 말이 아닐까?
  시와 모든 문학의 본질은 휴머니즘의 밝은 표정을 찾아 나그네의 발길을 재촉하는 것이 문학의 숙명인 이유가 아닐까?

인간 사랑의 그림 그리기

  문학에서 만남이란 기쁨이며 이별은 아픔의 표적일 때 거기에는 인간사의 복잡다기(複雜多岐)한 전개가 감동의 줄거리로 표출되는 것이다. 그러나 이별은 만남으로 순환하는 길에 이어질 때, 우주의 섭리에서 벗어나는 것이 아닐 때라야 이별은 아름다운 것이기 때문이다. 사회적 인간은 그리하여 섭리에 따라 이어질 때 비로소 감동이 정당한 길로 다가들기 때문이다.

자연은 인간의 생의 터전이며 이를 통해서 생로병사 회전이 진행형이라는 뜻이다.

왜 그런가 하면 자연 속에서 생의 가치를 구축하고 발견하는 일은 곧 자기를 찾는 일이며 이를 운명이라는 굴레에서 모두가 받아드리는 밭갈이에서 생의 가치는 더욱 빛나는 개성으로 용해되기 때문이다.

자연은 푸른 생명을 키우고 강은 물로 바다로 이르는 우주의 법칙에 따르는 표현미는 곧 문학의 질서이며 올바른 한국문학의 평행이론은 더욱 빛을 발할 것이기 때문이다.

사실 문학이 이 질서를 벗어나 순응치 않는다면 비극일 수밖에 없으며 질서에 순응한다면 그것을 희극이라 할 수 있겠다. 문학은 언제나 사랑을 말하고 질서에 순응을 가르친다. 비단 도덕적인 가치 우선의 공리주의자 플라톤이나 공자에 이르러도 문학은 인간 우선에 이름을 강조했지만, 아리스토텔레스가 주장한 예술은 사진을 모사(copy)하는 것이 아니라 "있음직한(probability) 현실"을 그린다는 점에서 예술론의 출발은 아리스토텔레스의 이론이 설득력 있게 주장되는 것이다.

평행이론이란 서로 다른 시대를 사는 사람들의 운명이 같은 패턴으로 전개되는 이론으로 에이브헴 링컨과 존 F. 케네디의 평행이론이 대표적이라 하지만 삼라만상 평행우주라 하는 것이 어떨까 하는 것이다.

  어제의 태양이나 오늘의 태양은 변함없이 우리 앞에 와서 서 있으나 이는 우주의 질서의 개념일 뿐이지만, 인간은 의미를 부여하는 신기한 개념을 추가하려는 점이다.

  모든 작가라 하는 자들이 선택하는 소재는 삼라만상 우주와 고향, 사랑, 부모, 등을 빼고 나면 과연 글이란 어떻게 진행이 될지는 글쎄올시다. 이런 절대 필요성의 반복성에서 평행이론은 근거가 되지 않을까? 우리는 모두 평행이론의 원천인 근간을 이루는 삼라만상의 우주 틀 안에서 섭리에 따라야 하지 않을까?
현실에서 평행을 이루는 근대사회 우리 문학을 본다면 우리 문학의 근본이 민주라는 허울에 둘러싸여 이념에 노예가 되어 서로 갈라지는 문학 속에 살아가고 있다는 현실이 아쉽고 두렵다는 것이다. 언제까지? 통일이 되면?

  언제까지 남북이 서로 으르렁거리며 하나되는 문학이 아니라 이데올로기에 갇혀 있다는 것에 이제는 아웃-사이더(Outsider)라는 이방인이 되어 아름다운 강산과 더불어 사는 것이 오히려 신간이 편할지도 모르겠다.

  끝으로 모든 예술의 목적은 인간의 사랑인 휴머니즘의 실천에서 한치도 벗어나는 것이 아닐 때, 독자의 감동은 배가 될 것이며 작가라는 타이틀도 이러한 측면에서 볼 때도 문학이란 숙명을 안고 변화의 현상을 그려나갈 수 있다고 필자는 믿어 의심치 않는다.

    그것이 바로 작가와 독자의 만남이 이루지는 계기라 보면서 논고(論告)를 마치려 한다.

언어의 성찬

말의 진실

언어가 무엇이냐고 굳이 따진다면 우리가 일상적으로 하는 말들을 언어라고도 하고 말이라고 한다. 특히 우리가 하는 말은 세종대왕께서 창시하신 한글이 세계 최고의 언어라 하며 어렵고 표현, 해석 등 한 가지의 말을 여러 가지로 인용할 수 있다는 것이다.

세상에 수많은 말들이 존재하지만 유독 한글은 여러 가지 형태의 말로 환기 시키고 명사, 동사 등 기교 변환이 수없이 많으며 잘못 사용하면 낭패를 보는 경우도 있다.

우리 한글은 1446년 9월에 반포되었다. 세종은 한글을 창제한 후에 약 3년간 실제 궁중에서 한글을 직접 사용하면서 문제점을 보완하고 다듬어 왔다. 성삼문, 신숙주, 최항, 정인지, 박팽년 등 집현전 학자들에게 명하여 해설서인 『훈민정음 해례본(訓民正音 解例本)』을 발간하도록 했으며 1444년 2월에 최항과 박팽년에게 <고금운회거요>의 한글번역을 명했다. 반포하기도 전에 <고금운회거요> 번역을 시켰다는 것은 이미 '한글'의 완성도는 매우 높았으며 새 문자에 대한 자신감이 있었다는 뜻으로 보인다.

1445년(세종 27) 4월에는 한글을 처음으로 사용하여 악장(樂章)인 《용비어천가》를 편찬하고 1447년(세종 29) 5월에 간행하였다. 목판본 10권 5책 모두 125장에 달하는 서사시로서, 한글로 엮어진 책으로는 한국 최초의 것이 된다.

한글을 반포한 후에는 하급 관리를 뽑을 때 한글을 시험 과목에 추가하였고, '삼강행실'과 같은 국가 윤리를 한글로 풀어 백성들에게 가르치도록 하였는데 이 두 가지 사항을 조선 최고의 법전인 경국대전에 명문화하였다. 사서(四書)를 한글로 번역하게 했고 백성들이 관가에 제출하는 서류를 한글로 작성토록 했으며 형률 적용 과정에서 그 내용을 한글로 번역하여 알려주도록 했다. 궁중의 여인들에게 모두 한글을 익히도록 하고, 세종 자신은 조정의 대신과 기관에 한글로 글을 내리기도 했다. 이후로 민간과 조정의 일부 문서에서 한글을 사용하였다. 이러한 한글 보급 정책에 따라 한글은 점차 퍼져나갔다.

우리의 삶은 말로 시작하여 말로 끝난다. 우리는 태어나자마자 고고성(呱呱聲)을 토하고 살다가 종국에는 유언을 남기고 죽는다. 엄마의 목소리를 들으며 외부와 처음 상호작용을 한 아기는 아빠, 가족, 친인척, 친구, 동료들로 점차 사람들을 확대하여 말을 주고받으며 사회화 하고 삶을 영위한다. 선거에 나선 후보들은 말로 대중의 머릿속에 자신의 정치를 시뮬레이션하여 보여주고, 그에 대한 유권자들의 반응으로 당선이 되면 그 말들을 현실정치로 구현하며, 그 말과 실제 사이의 격차가 커서 그 말들이 힘을 잃으면 물러난다. 선생, 언론인, 작가, 판검사 등 말로 먹고사는 사람은 당연하지만, 평범한 사람들도 말 없이는 단 하루도 살기 어려우며 주변으로부터 자신의 말이 힘을 잃으면 다시 힘을 얻기 전에는 배제된다.

말이란 "한 대상이 다른 대상에게 생각과 느낌을 발성 기관을 통하여 기호로 나타내는 소리"다. 여기서 대상은 주로 타인이지만, 자기 자신, 신, 사물일 수도 있다. 기호는 한마디로 말하여 "사물이나 생각, 느낌을 다른 것으로 대체한 것(aliquid pro aliquo, stand for something else)의 총칭"이다. 한글이나 알파벳은 당연히 기호이지만, 우주 삼라만상 모두가 사물이나 의사를 대체한 것이면 모두 기호가 된다. "애오라지 기호로 구성된 것은 아니지만, 온 우주는 기호로 충만하다." 세상 모든 것은 기호이며 그 기호는 의미를 담고 있다. 삼라만상은 의미를 드러낼 때 비로소 존재한다. 하늘의 별은 '조국의 독립, 희망, 이상, 영원한 사랑'을 뜻하고, '살랑거리는 나뭇잎'은 '바람이 불고 있음' '내 마음이 흔들림'을 뜻한다.

 언어 즉 말이라는 것은 모두가 변명이라고들 한다.
 침묵만이 말이고 언어는 변명의 들러리에 머물게 된다. 변명 안 하는 인간이 어디 있겠는가. 모두가 자기 합리요. 자기주장이 와전되었느니 혹은 전달이 잘못 되었느니 하며 모두가 남 탓이요. 내 탓은 없다고 주장들 한다.
 말이라는 것은 입 밖으로 나올 때, 이미 변명의 구실이 첨가되고 다시 전달되면 더해진 비대함으로 눈덩이처럼 불어나니 참으로 기이한 형상의 일이니 말이다.

 특히 정치가들의 말이란 변명의 극치를 배회하는 일로 진실이 어딘가에 숨겨진 것을 찾아내는 암호인 것 같다는 생각이다. 이런 일들은 예를 들면 언제나 손해인 것이다. 혹은 언제나 불경기라는 변명을 달고 사는 장사하는 사람들 보았는가. 그러나 시간이 갈수록 비대해지고 혹은 망한 사람도 있으며 탈락한 정치가도 있지만 본질적으로 자기 합리를 위장하면서 자기 과시의 말을 찾는 일로 살아들 가고 있다.

 물론 사회적사인 측면에서 본다면 이것도 발전의 한 단계인 것만은 사실이지만 어떻든 인간사는 한걸음씩 앞으로 진행했다는 사실을 숨길 수는 없을 것이다. 마치 소용돌이가 그치면 그 자리에서

맴도는 것 같아도 실제로는 이동하는 길 찾기를 지속하고 있다는 사실이다.

매일 아침저녁으로 만나는 정치가들의 화면에는 그가 가장 진실하고 진리를 한 몸에 짊어졌기 때문에 무겁다는 변명 혹은 억울해서 힘겹다는 말이 그럴싸하게 위장이 된다. 그러나 공익적인 측면에서 볼 때 거짓말이 거의 대부분이지만 역사의 수위는 항상 균형을 유지하는 적정수위가 이루어지는 것을 보면 시간 속에서 정리되는 것 같은 느낌이 드는 것은 왜일까? 아마도 평균치를 유지하려는 평형수가 있어 배가 안정을 갖고 파도를 헤치고 항해하는 것 같은 구조현상이다.

사실 제일 무서운 것이 독선이라 보며 인간의 큰 해악이라 보는 것이다. 특히 언론의 독선은 더 말할 나위가 아닐 것이니, 사회 전체의 막강한 영향력이 손익계산서가 너무도 확실하게 드러나는 것이다.

한두 사람을 악마로 만들고 깊은 나락으로 떨어뜨리며 사회 전체를 흔들리게 하는 일은 언론이 어떻게 표현하고 일필하는가의 언어를 어떻게 조립하는가의 따라 전혀 반대로 판도가 흔들어지는 것이기 때문이다. 사실 천사나 착한 사람으로 만들기는 어렵지만 악마로 아주 낙인을 찍어버리는 일은 참으로 쉽다는 것을 많이도 느껴본다. 단 한 번의 기사로 악마와 천사가 되는 일은 인내가 전혀 없는 현실의 인간 심리로는 쉽게 받아들여지기 때문이다.

각 언론이나 개인이나 합리적 수용의 비판이 적정 수준을 유지하는 이성이 필요한 때가 아닌가 한다. 왜냐하면 이성은 곧 거름 장치의 역할이 주어졌기 때문이다.

현대인의 특성은 너무도 쉽게 이리 쏠리고 저리 몰리고 휩쓸리는 일이 너무나 빈번하고 능사 되어 있어 참으로 안타까움이다. 요즘에는 더욱 자기 판단의 신뢰성이 없고 남이 어떤 말을 주장하면 쉬이 동화되는 일들이 그렇다. 이는 자기를 망각하거나 방기하는 곧 신념이 곧추 세워져 있지 않다는 증거의 일부일 것이다.

물론 정보의 과다한 유입이 인간의 이성을 마비 혹은 흔들리는 신념의 역확로 돌릴 수 있을 것이다. 현대는 정보의 호수 시대에 살고 있으며 가면 갈수록 더해지기 때문에 4차원 세계의 시대로 접어들어 순식간에 전파되는 속도는 빛의 속도에 버금가는 빠르기에 제동 장치가 없어서일 것이다. 제동창치를 가동 하려면 이미 다른 뉴스가 점령하여 누적되는 양상이 더할수없이 무게를 가중하는 것이 현대사회의 단면이기 때문이다.

그렇다면 말은 이런 경우 어떻게 변할 것인가?
각종 유언비어가 진실 같은 위장의 탈을 쓰고 거짓과 진짜가 무엇인가를 구분 못하는 마비 현상이 오늘날의 현상이라면 과연 미래를 어떻게 예언할 수 있을까?

여기서 미래는 확실히 있지만 그 판도를 말하는 일은 거의 불가능한 현상이 도래한다.

그렇다면 말의 운명은 어떨 것인가?

물론 언어의 비중은 점차 낮아질 것이지만 소용이 없어지는 것과는 다르게 가벼워질 것이라는 예측이다. 이 예측이 빗나가면 얼마나 좋을까만은 아마도 언어의 무게는 점차 메시지의 도구가 아니라 다만 오고가는 소통으로의 역할이 언어에 진실의 면모가 될 때 사회는 더욱 불신과 불행의 가중치는 더욱 높아질 것 같다.

여기서 언어의 무게를 부여하고 언어의 진실을 위하는 사회적인 풍토가 있어야 할 것인데도 점차 언어의 소용은 줄이고 다시 줄여서 부호화 하는 일이 다반사라는 점이 기계의 남용에서 오는 결말이라는 점이다.

자기중심적인 언어 사용이 아니라 남이 그렇게 말을 한다는 투로 자기의 의사를 감추거나 위장하는 셈법이 만연할 때 사회의 축은 무너지게 될 것이다.

언어의 소용은 개인과 개인의 소통을 넘어 사회를 이룩하는 바탕으로의 소임이 중요하지만 점차 역할이 축소되는 현상이 불행의 종자로 나타난다는 것은 너무도 위험천만한 일인 것이다. 왜냐하면 말이 씨가 된다는 속담은 언제나 유효하기 때문이다.

오늘도 각종 언론 매체에서 말 장사꾼들의 분석이나 변명을 듣노라면 실소가 먼저 앞장서는 일이 진행형이라 입을 닫고 시선만으로 사는 세상이 되는 것 같아 우울하다. 귀가 퇴화하고 입만 커지는 사회는 불행한 사회인 것이요. 진실이 숨어버린 암흑의 판도가 되는 듯 예상되기에 이 사회가 미워진다.

　인생의 가치란 공유의 몫이 많아질 때 사회의 질서가 세워지고 아름다운 세상이 될 것이기 때문이다. 나를 위해 산다고들 하지만 좀 더 더 넓게 타인의 체온을 받아드리는 일이 우선시 되어야 할 것이다. 도처에 샤일록은 있지만 해악의 정도 즉 네 편 내 편이 갈라진다면 비난의 포격과 미래의 악인으로 남을 것이다.

　말이란 늘 상대방을 배려하여 상처를 받지 않도록 해야 하는 것이 이 사회가 미적으로 변할 것이다. 서로가 공유하는 사회, 갈치기가 없는 사회, 반대 아닌 반대만을 외치는 위정자들이여, 몰정서는 결국 몰상식의 인간으로 동물과 다름이 없는 것이다.

　말의 성찬에 기울다 보면 이성이 마비되는 이른바 독선적 사회가 되는 것이다. 우리 사회는 자유의 구가에서 이성의 일탈이 너무 심하고 말이 너무 많은 사회 정도가 벗어나는 일이라면 혼란만 가중될 것이며 이데올로기에 침식당하는 불행이 깊어진다는 것도 말의 성찬을 구분 못하는 일탈 사회가 되지 않기만을 바라며 빗대서 쓰는 글이라 어쩜 이 사회를 질타하는 것인지도 모르겠다.

이제 정신 문학의 정당성을 찾을 때

정치적 문학 출발

우리는 70년대 이후부터 우리 문학은 왜곡되고 오염되고 문학으로서가 아니라 투사적인 문학과 이데올로기의 하나인 민중문학이 민주화라는 사칭 이념에 사로잡혀 당시에 평론가의 대다수는 외국 문학을 전공한 사람들이 문학의 본질을 오도하고 정치적인 수사의 말을 서슴없이 자행하면서 서구적인 잣대로 한국문학의 전통을 허무는 일이 정치적으로 변질되고 정치적인 말과 혼합, 상승하는 일들에만 열중하다 보니 민중 타령을 시작하게 되었다고 보는 것이 옳을 것이다.

그 첫째는 순진한 김수영이었으나 <창작과 비평>의 등장은 본격적으로 우리 문학의 절름발이의 첫 단추를 제공하는 공간이 되었다고 필자는 보는 것이다. 또한 백낙청은 출간사도 없는 창간호에 "한국문학은 전통이 없다는" 요지로 사시(斜視)의 입구를 통과했으나 당시의 정치적인 구호와 문학의 구분은 모호하고 감옥이나 민주화 운동이라는 미명에 경찰서 문앞에나 다녀온 것이 대접받는 투사로 연출했다. 정치와 문학이 어울리는 시대. 이때부터 시작이 김지하의 『오적 시』라면 이후 아류의 목소리는 순화된 문학이 아니라 욕설과 투쟁적인 혼합된 글이 탄생되었고, 사장은 모두가 도둑이라는 이념으로 정치가는 적으로 생각하는 이분법은 시작되었다고 보는 것이다.

여기서 상승작용을 일으키는 일이 이른바 문학을 왜곡하는 황색좌경문학과, 언론이라는 종사자들의 역할과 혼합하여 한국문학을 모르는 민중문학으로 끌고 갔으며 충실히 수행하는 절차가 지금도 진행형이라고 본다.

사실 문학은 문학성으로 답을 하는 것이지 문학을 이용하여 정치적으로 변색되고 군중집회로 변하여 소리만 지르고 반미, 좌파 문학이 되어 버린 것이다. 정도(正道)이지만 당시 김지하 시인은 이른바 『오적 시』 한편으로 국내에서 가장 유명한(?) 시인을 넘어 노벨문학상 후보라는 거창한 무게를 결국에는 감당하지 못하는 불행이 되었던 것, 이후 이런 흉내는 상당 기간 지속되었고 아류들은 금배지를 다는 정치가가 되는 일이 일어났다.

그러나 민중문학의 풍경은 다음 세대에 먹히는 소리 지르기 게임 양상이 지속되었고 현재까지도 이어지고 있다.

박정희 대통령 통치에서 전두환 이르기까지 회색 문학 시대가 1기라면 이때의 문학의 순정성을 지키려는 경향이 우세했다고 볼 수 있고 제도적으로 민예총은 제도권에 진입하지 못한 시대였다. 그러나 노태우가 집권하면서 회색 시대의 구체적인 문학이 2기로 접어 이 시기에 해금 문인들에 대한 복권은 칭찬을 받을 만했다.

물론 올림픽 덕분이었지만. 아울러 민주 투사라는 김영삼의 집권은 2기에 핵심이라 하겠다. 문화예술의 문외한들이 한국문화계를 접수하는 시기가 서서히 전개되었다고 볼 수 있겠다. 물론 교육계는 전교조, 그리고 예술계는 민예총 등이 한국 교육과 문화를 사실상 접수하면서 판도를 넓히는 기초를 완성했다. 이어 김대중의 집권은 구체적으로 회색의 강도를 집중하는 시대가 되었고 이어 노무현시대에는 노골적으로 좌파적인 경도에서 온통 회색으로 바뀌는 무대를 연출했다.

일반 대중의 뇌와 정신을 우둔으로 몰아넣은 영화. 깡패들의 욕설과 반미의 주제가 흥행의 열쇠로 둔갑하는 시대를 만든 것이다. 우울한 얘기지만 노벨문학상을 한국 사람이 받는다면 어떨까? 라는.

물론 문학의 우수성이라면 한국문학의 위상은 높일 수 있지만, 그러나 김정일과 김대중의 사이에서 술잔을 높이 들면서 감격하는 사람들이 노벨상을 받는 일은 난센스가 아니었을까?

왜 그런가 하면 문학은 휴머니즘이고 인간을 사랑하는 일이라면 김정일이 수백만의 백성을 굶어 죽이는 동토의 땅에서의 행위는 이미 민족을 넘어 죄업일 뿐만 아니라 공산주의의 탄탄함을 이룩하는 시대의 서막이 올랐던 것은 분명한 사실이다.

참으로 문학성이 나올 수 없는 시대임에도 좌경문학이 탄생한 것은 설익은 소재를 정치적인 이념으로 포장으로 드러내는 속성에서 파탄에 운명적으로 올 수밖에 없었던 것은 아닐지?

70년대 이른바 능동적 소수- 필자는 민중문학을 이렇게밖에 부를 수 없다. 그들의 목소리는 집권을 그늘에 있는 권력 맛에 또 다른 행보를 계속하고 있으니 참으로 안타까움이다.

좌경의 틀에서 소수의 문인이라는 자들에 상품 품목은 민주화, 민족, 통일, 다시 민족이라는 상품을 포장하여 팔았던 것은 아닌지. 최근에는 민족을 떼고 우리끼리, 보편성을 강조하려는 변화의 기민성은 한국 사회의 변화를 알아차리고 새로운 상품명 우리 민족끼리의 동질성 의식을 주장하고 있다.

해방 이후 남한에 문인은 165명이었고 1950년까지 111명이 북한으로 넘어가 김일성에 의해 숙청의 칼날에 가버린 문인들의 행로-임화, 이태준, 정지용, 등은 어떤 대접을 받고 형장의 이슬로 사라졌는지는 문인 모두가 기억해야 할 사항들이다.

북의 문학과 한국의 문학은 본질에서 엄연히 다른 것이다. 누구를 추종한다는 것은 이름만 문학이지 문학이 아닌 것.

한 가지 예를 들겠다.

진실로 사회주의적이고 혁명적인 문학과 예술은 인간 생활의 가장 아름답고 숭고한 세계를 사람들에게 보여준다. 우리는 문학과 예술을 통하여 생활을 더욱 깊이 이해할 수 있으며 더 훌륭한 생활을 창조하기 위한 우리의 투쟁에서 힘과 용기를 얻을 수 있습니다. 문학과 예술은 인민대중에 대한 가장 중요한 교양수단의 하나입니다.

_『김일성 저작선집』 2권 356~357면

이렇게 시작되는 김일성의 문학에 대한 2페이지에 걸친 설명 중 앞부분이다. 문학을 통해서 생활에 깊은 이해와 투쟁과 용기를 얻을 수 있는 도구로 생각한 김일성의 교시가 어떻게 문학의 정의로 둔갑할 수 있는지 불가사의한 일이다.

그러나 남한에서의 문학개론- 문학의 효용이 지적 쾌락과 간접적인 교훈을 얻는 자기 성찰 혹은 수양의 방편으로 삼을 뿐이다. 출발이 다르면 목적지도 다를 수밖에 없다. 현격한 사고의 차이를 보편적인 문학의 땅으로 끌어올 수 있는 인자는 묘연하다는 점에서 북한의 문학에 대한 접근은 이해 불가 그 자체뿐이다.

정신 가치 문학으로 출발해야

대한민국의 3대 좌편향 그룹의 출발은 산업화의 후유증인 박정희 독재의 그늘에서 싹이 자랐고 이런 현상은 전두환 그리고 노태우, 김영삼 김대중에 이어 노무현을 거치면서 불합리한 정권의 투쟁을 하면서 자연스레 정치적인 구호인 민족, 민주화라는 이름으로 포장되어 지금에 이르게 되었다.

이들이 개발한 상품은 소비자인 국민에서 합리와 설득력과 우리끼리라는 이념을 갖고 진행되었고 점차 사회에 불합리의 그늘이 벗겨짐에도 불구하고 여전히 투쟁의 구호로 일관하면서 사회의 동력을 잡아먹는 축으로 전락하였고, 변해야 한다를 모르고 우물 안 개구리 식으로 신세가 위축 혹은 고사당하고 있음이다.

386, 486. 586. 686을 거치면서 이젠 정치권, 사회권 등에서 퇴출해야 한다는 목소리가 점차 커지고 있다. 이젠 어떤 구호, 어떤 상품을 개발에도 이미지의 퇴색이 가져온 불매운동은 계속된다는 것을 알아야 한다.

더구나 노무현 정권으로 인한 이런 증거는 백일하에 드러났고 민주화를 외쳤던 실세들의 실체가 목청뿐이지 실력도 없고 내로남불, 이기주의, 안하무인으로 비전도 없으며 데모 집단이라는 학습을 마친 국민의 수준을 따라야 한다는 다시 말해 학습의 진도가 빠른 국민의 수준을 간과하고 여전히 빨간 머리띠를 두르고 소리치는 일이나 빨치산 추모행사장에 학생을 인솔하고, 대학에서는 이미 학생이 교수를 평가하고 있는 일을 거부하는 전교조 또한 얼마나 난센스인가를 모르는 집단이 되었다.

민족문학작가회의- 민주노총의 경직된 행동양식에 대한 차이는 독자의 욕구를 위한 상품개발에 다시 한번 머리를 회전하는 기민성을 보이는 것은 그나마 다행으로 여긴다. 그러나 아직도 백낙청의 말은 여전히 오만과 독선의 늪에 빠져 있는 것 같다. 우리가 한국문학 전체를 대표하는 문인단체로 꾸준히 성장한 만큼 더 유연한 자세로 조직 운영 방침이 필요하다는 점에서 명칭 변경은 충분히 일리 있는 주장이라고 2007년 1월 27일 정기총회에서 찬성 의견을 말했었다.

숫자가 중요한 것은 아니지만 <2006년 12. 20>은 한국문학의 쭉정이- 차별성은 고사하고 그들이 한국문학 전체를 대변한다는 기가 차는 말은 분명 억지에 불과하다고 보는 것이다. 아직도 일부 신문들이 문화담당자들의 호기심 때문에 살아남는 것을 꼭 기억해야 할 것이다. 그들에게는 뼈가 없고 오로지 소리만 있기 때문이다.

민족 문학이라는 앞 수식어를 버릴 수 없는 설왕설래의 증거는 민족이나 민주를 전유물처럼 앞세우는 그들에게 다음 상품 선택이 고갈될 이슈에 직면했음을 뜻한다.

자기들 나름대로 시대적인 변화를 읽고 있지만 문학의 본질로 돌아가지 않으면 모두 허사가 될 뿐이다. 왜 그런가 하면 이젠 민족이나 민주 혹은 통일이라는 이름만으로는 문학의 그릇을 채우기엔 문학 여건이 너무 광범위하게 변했다는 것이다.

첫째 이유는 글로벌 <global(세계화)> 시대의 보편성에 원리를 외면할 수가 없게 되었으며, 둘째 이를 뒷받침하는 인터넷의 확산은 이미 감당이 불가능할 정도로 빠른 변화가 진행되고 있다는 사실. 지구촌이 한 가족이라는 자기를 지키는 시대가 되었으며 AI가 인간을 대체하는 시대에 네트워크 <network>로 공유하는 시대이기 때문이다.

혈통의 순혈주의(純血主義)는 고립되고 있다. 이미 국제결혼은 보편화되고 있으며 당연함으로 바뀐 시대를 우리끼리라는 사상에 빠져 우리끼리 살아야 한다는 주장은 변할 수밖에 없다.

문학은 문학적 표현으로 말하는 것이지 집단이나 단체행동으로 말하는 것이 아니며 말로 문학을 논하는 시대는 지나고 있음을 우리는 깨달아야 한다. 문학은 누구를 위해 무엇을 쓰는가? 그리고 정치가는 누구를 위해 봉사하는가? 노동자는 누구를 위해 땀을 흘리는가?

이 모든 것을 리더로서 아우르고 서로 인간을 사랑하는 일일 것이며 독재를 미워하고 불의를 보고도 지나치는 일은 만시지탄이며 민주라는 허울을 신봉한다면 정치나 문학이나 노동, 교육, 등은 곧 인간의 사랑이라는 명제에서 벗어날 수 없는 일이기 때문이라고 주장하면서 나가려 한다.

시대적인 갈등과 새로운 시선

문학 정신의 소신

　문학을 하는 한 개인의 사상은 정신의 깊이가 얼마나 들어있고 삶의 모습이 투영되는지는 뒤에서 후배들이 따라가는 삶의 귀감이 될 때, 비로소 정신 가치와 보편성 기준에 의해 평가를 받는 것이며 엄혹한 시대를 살아온 사람과 평화로운 시대를 살아온 사람의 경우와는 사회적 환경과 시련의 늪을 헤쳐 온 시대적 배경이 현실의 배경과는 사상의 깊이가 완전히 다를 것이다. 표현미와 배경 상황 설정이 승화되는 표현은 다르다는 것이다.

이른바 민족의 자존이 짓밟혔고 국권이 없는 일제 강점기는 한국사의 잔혹한 상징이었고, 이어 동족상잔의 전쟁은 이루 말할 수 없는 비극의 대명사였으니 가난과 고난의 연속이었다. 이런 배경 하에서도 이상의 추구는 있었고, 생의 이름에는 변함없는 꿈을 표현하는 문학의 땅은 저마다 길을 만들기 위한 노력이 있었음은 말할 나위도 없다.

그러나 시대의 악착한 조건의 반응하는 양상은 각기 다르게 표현되는 개성 표출이 있기 마련이지만 일제 강점기 굴절하는 문학도 있었고 때로는 저항의 칼날을 세운 문학도 있었음은 모두가 알 터- 오로지 한국문학의 땅은 이런저런 풍토에서 현실의 표정은 과거와 연결되는 통로 하에서만 근거를 축적할 수 있을 것이다.

작가라는 의미는 시대 상황에 반응하면서 이를 어떠한 방법으로든 변용의 모습으로 표현 방법에 일조한다면 미증유의 비극이 와중을 헤쳐 온 근현대사는 참혹한 시련에 따른 속 깊은 애증이 들어 있기 마련이다.

일제 강점기에 태어난 사실만으로도 비극의 멍에였을 뿐 아니라 심한 굴곡의 파도 속에서 자존감을 지키면서 살아온 홍효민 작가를 한번 살펴보기로 하겠다.

그가 혁혁한 공로를 세웠건 평범하게 혹은 갑남을녀 삶을 살았다고 하더라도 경외와 존경의 대상으로 삼으며 사실 앞에 숙연해야만 하는 후배들이어야 한다고 생각한다. 작가는 작품으로 발언한다는 명제는 문학에서뿐만 아니라 예술가들 스스로가 뒷모습이 쓸쓸해지는 결말에 직면하는 증거는 우리는 예로 할 수 있기 때문이다.

시대의 갈등과 공유하는 자세

홍효민 선생은 1927년 7월 『개척』에 『문예 시평』을 발표한 시기는 카프의 득세와 이에 따른 시대적인 현상이 소용돌이로 압축된다.

이런 배경을 설명하기 위해서는 긴 인용과 설명이 필요하겠다. 왜 그런가 하면 카프와 일제의 지식인들이 모조리 共産主義 사상에 감염된 이유와 근거를 알아야 제대로 설명할 수 있기 때문이다. 즉 교육의 잘못과 사실을 사실로 깨우치지 못한 정치적인 문제가 개입되었다는 근거가 규명되어야 하기 때문이다.

일제 강점기 치하라는 어둠의 공간은 우리 민족에게 심대한 정신적 갈등을 유발했고 이 갈등은 정신 가치가 무너지고 피폐화되는 와중에 새로운 모색이 탐색 되었던 시기였으리라. 이 땅의 모든 기존 질서를 파괴했고 이 파괴 위에서 일본식 제도와 문화를 이식하려 했지만, 결국에는 끊임없는 저항 속에서 민족의 자존감을 지키고 나라를 찾기 위한 민족 세력과, 일제 강점기라는 그늘에서 신질서를 형성한 두 그룹으로 갈라지는 양상의 분기점이 마련된다.

다시 말한다면 전자는 갖지 않는 프롤레타리아(Proletarier)가 되었고, 후자는 부르주아지(bourgeoisie)라는 양상으로 사상의 옷을 입게 되면서 전자는 공산주의 라는 곳으로 정신 지향을 마련했고, 후자는 가진 자의 기득권을 유지하기 위해 일본 권력과 더욱 밀착하는 양상을 가진 것이 일제 공간까지의 특성이었다.

이러한 점에서 프롤레타리아는 결국 공산 이데올로기에 젖지 않을 수밖에 없는 시각을 갖게 되었으니 한국 토착 공산주의 운동은 이런 일치(日治)라는 특수상황과 맞물려 있을 때 이미 사상적인 그물코가 아니라 민족주의적 신념으로 굳어졌다.

더구나 1917년 볼셰비키(большевик, Bolsheviks) 혁명의 여파는 수탈과 침탈 속에 우리 민족에겐 더없는 불빛이었고 희망이었기 때문에 여기까지 온 것이다, 라고 보는 것이다.

이런 사상의 여파는 결국 일제 강점기의 치아에 우리나라 지식인이면 곧 프롤레타리아의 의식으로 등식이 연결되는 객관성을 득할 수 있었고, 이러한 의식은 곧 민족 자립과 독립이라는 정신 근간의 충추가 되었다.

이같은 지식인들의 신념은 이내 일제의 가혹한 탄압을 가중시켰고, 급기야 KAPF 탄압이라는 미증유의 신음 문학을 배태하는 계기로 이어졌고, 공산주의 이데올로기에 더욱 가까워지는 계기였다. 한국 현대문학의 비극은 일단 일제 강점기라는 현상을 외면하고는 설명이 되지 않는다.

1917년 공산주의 등장. 모두를 수탈한 우리 민족에겐 복음의 메시지였지만 이런 상상조차 제국주의는 이 땅에 수입되는 것을 막았지만 지식인들에게는 역설적이지만 일본 유학생이나 만주 땅을 유랑하면서 독립운동을 했던 사람들에 의해 수입되는 당시의 공산주의는 신선한 희망이었다고 볼 수 있다. 왜 그런가 하면 국유화에서 똑같이 노동을 제공하고 공동으로 분배하는 분배 사상은 일본 제국주의 수탈과는 배치되는 이념이었기에 당시로는 신선한 사상으로 보였기에 지식인들이 속아 넘어갔던 것이다.

 그 때문에 1945년에서 1950년까지 남쪽의 문인들 165명 중 111명이 북으로 올라간 것은 공산주의의 실체를 알지 못한 운명적인 불행이었다고 할 수 있다.

 우리는 공산주의를 본질로 들어가게 되면 둘로 나누어 보아야 한다고 생각한다.

 1. 한국토착공산주의는 올드 컴뮤니즘(Ord Commumism)과
 2. 일제로부터 독립을 쟁취하기 위해 노력했던 그룹과 1948년 김일성이 집권함으로써 오늘의 참혹한 공산주의

 이를 뉴 컴뮤니즘(New Communism)으로 분류를 해야 한다는 것이다. 그러나 상해파가 미국에서 독립운동을 했던 이승만의 집권은 상해에서 독립운동파와는 갈등의 요인을 잠복하고 출발했기 때문

에 집권 기반이 취약했던 이승만의 집권 10년은 토착 공산주의의 독립운동을 구분해서 설명했어야 했지만 김일성의 뉴컴뮤니즘과 구분하는 여지를 두지 않고 모조리 "때려 잡자 공산당"이라는 붉은 페인트를 칠하고 박정희조차 집권의 명분이 취약했던 18년 내내 같은 식- 이어 전두환 7년 동안 그런 함정- 엄연히 김일성의 공산주의와 독립운동의 방편이었던 올드 컴뮤니즘과 구분 없이 함께 파묻어야 하는 사상의 갈등과 혼란이 오늘날 현실도 마찬가지로 이어져오고 있다는 사실이다.

사상과 이념을 깨지 못한다면 아마도 우리는 늘 흑백논리에서 빠져나올 수 없기에 조속히 이데올로기에 빠져나와야 한다. 참으로 언어도단적인 궤변에 놀아나는 그들이 어쩌면 불안하고 안쓰러워 보인다.

중도 이념 그리고 의지

중간이라는 말에는 회색의 칼라가 명료함이 없어진다. 이런 견지는 누적된 개념이 쌓아지면서 이것 아니면 저것이라는 극단의 문제가 낳은 아픔일 것이다.

홍효민의 문학을 중도라는 말로 정리하기도 하지만 이른바 행동과 실존이라는 30년도의 사상 흐름을 간과하고 행동주의를 선도한 공로는 아마도 홍휴민의 문학 정신을 휴머니즘에 근거를 두고 주장하는 정신, 그리고 문학은 문학적 가치로 말해야 한다는 극명한 주장으로 정리되어야 할 명분, 해방기 중도론적 비평은 곧 자유 정신에 바탕을 둔 의지와 비평론으로 대체되어야 할 용어가 아니겠는가?

왜 그런가 하면 문학의 행동은 문학성이라는 영원한 명제 앞에 당당해야 하는 비평의 표정은 자유 정신의 구현에 궁극을 두어야 할 당위성이지 이것을 가지고 호불호를 따지는 것은 의미가 없다.

홍효민 선생 자기 의지가 투철했고 이를 실천의 덕목으로 삼았던 자유 정신 중심을 가진 작가이자 평자이면서 중심 잡기를 실천한 비평가라는 의미이다. 비평의 행위는 어디까지나 가치의 중심을 잡는 일이 본래의 뜻이기 때문이다.

농경사회 문학과 역사소설

시대마다 거기에 따르는 중심의 명제가 있다.
인류는 원시사회를 지나 농경사회 그리고 산업화 시대, 정보화 혹은 IT, AI, 전자시대 등 저마다 시대적인 목표가 다른 것은 삶의 양상과 그때 그 시절에 따라 각기 특색이 지배하는 시기로 공간이 정리되는 점이다.

농경사회의 농민문학을 지금으로 말한다면 이것은 곧 낡은 레코드판이 된다. 그러나 홍효민 선생이 살았던 시대는 농업이 기반이었고 여기서 농민의 삶과 표현은 자연스레 갈등 균형이 잡히지 않는 시대의 문제로 압축되는 것이다. 왜 그런가 하면 시대마다 앞선 사람과 뒤떨어진 사람- 당시의 농경사회는 생산 주체가 농민이었지만 이를 이끄는 계획 즉 세력과는 엄격한 차이가 있기 마련이었던 것이기에.

1930년대의 인구는 약 80여 %를 상회하는 숫자가 농민이었다는 점은 무엇을 시사하는지 점차 도시의 집중화 그리고 지나친 프롤레타리아(Proletarier) 문학의 편중은 결국 참된 농민의 문학을 외면하는 결말에 대한 홍효민 선생의 주장은 『조선농민문학의 근본문제』속에 요약되어 있다. 농민문학은 적어도 농민 자신의 이데올로기를 기조로 농민문학이 아니면 안되는 것이다,에는 다소 멈칫거리는 판단이 있음은 사실이다.

소설은 인간을 해석하고 이 도중에 과거를 돌아보고 또 새로운 가치를 창조하는 일에 리얼리티를 부여하는 조건이 따라온다면 역사소설은 엄격하게 과거 추수라는 점에서 흥미의 범주 안에 갇히게 되기 때문에 이를 모를 리 없는 홍효민 선생은 왜 역사소설에 매달렸을까.

역사소설은 소재에서 새로운 것이 아니고 또 흥미 위주의 편향성에서 크게 벗어날 수 없다는 선입견에서 쉽게 탈피할 수 없는데도 불구하고 과연 그 자신이 주장한 『역사소설의 성격과 기준』에 정밀한 '묘사를' 갖추었는가는 의문이지만 객관의 거리에서 바라보면 비평의 행위와 직접 창작하는 실제와는 다른 것이다.

가령 비평가가 쓴 시나 소설이 이론과는 달리 수작(秀作)이 되지 못하는 이유를 첨가하면 쉽게 설명이 될 것이다.

색다른 시선으로 바라보아야

시대적 상황은 작가 행위에 특징과 함수 관계를 갖고 있다. 일제 강점기는 참혹한 수탈과 통제 사회의 공간에서 창작 행위를 정상적으로 펼칠 수 없는 한계적 모순 앞에 방황과 극복이라는 명제 속에 있었다. 홍효민 선생의 일생은 그런 와중에서 가지 문학의 중심을 잡았고 또 설명하는 일면, 창작이라는 들판을 서성이었다. 그러나 문학은 문학성이 있어야 하는 신념의 태도는 올바른 평가로 말해야 할 것이다.

물론 비평 행위와 창작의 행위에는 즉 거리가 존재한다. 비평은 정치한 판단이고 창작은 상상에 근거를 두기 때문이다. 역사소설 쪽에 경도한 문제는 그가 이론에는 밝았을지라도 창작의 깊이에서는 조금 더라는 말로 정리해야 되지 않을까 조심스럽게 어필해본다. 그러나 혼란과 참담한 시대의 중심을 신념으로 헤쳐온 그의 문학 정신은 우리 모두가 새로운 시선으로 바라보아야 한다고 하는 명분은 충분하지 않을까, 생각하면서 논지에서 나가려 한다.

시는 과학이 아니라는 점은 명백하지만 하나 더하기 하나는
둘로 나타내는 것이 아니기에

제2장

비워야 채워지는
문학의 속성

시의 상상 시의 논리

시의 지평을 열어야

시대는 계속 진화하고 변화를 따라가는 의상의 변천은 전위적이지 않겠지만 상황 상황을 눈으로 확인할 수는 있다. 이는 현실과 접목된 변화의 길이기에 과감하게 앞서는 경우는 사실 드물다. 왜냐하면 상상의 문제는 변화의 성공을 담보할 수 있는 여지가 있기 때문이다.

문학의 요체는 상상이라는 데 이의를 제기하지는 않을 것이다. 물론 농경사회의 상상과 산업화의 상상 AI, 반도체 상상에는 분명히 차이가 있다. 농경사회는 현실의 구체성을 가질 때 의미를 둔다면 앞으로는 추상적으로 접근하면서 산업사회를 지나 이제 AI 시대 초현실 시대에서는 공상의 범주를 벗어나 배회하는 하이에나의 모습인 것이다.

정치(精致)가 아니라 추상의 넓이가 얼마나 넓고 가능성의 범주가 막연할 때 상상의 가치는 이외에도 호감의 도수를 높이는 점일 것이다.

상상의 길을 찾는다는 것은 심심풀이, 한가할 때 많이 온다고 한다. 낮잠을 자거나 무심히 쳐다보는 천장의 수만 갈래의 길을 발견하고 거기서 소리치는 기찻길도 보이고 때로는 새의 길도 나타날 때 꿈의 이름은 시작되는 것일 수도 있다. 기찻길은 미지의 땅으로 달려가는 일도 나타날 것이고 새는 하늘의 깊이 공간으로 호기심의 나래는 계속 이어 어디엔가 무릉도원의 중심에 이르는 꿈이 도래할 것 같은 생각의 명명식이 복잡해진다.

이러한 상상은 상상의 초보 단계인 원시 사고(思考). 이때는 평안에 존재의 광장이 여유가 있었고 느림의 미학에서 일상이 근심의 뱃머리를 출발선에 옮겨 놓았을 때이다.

그러나 인간의 팽창은 달려오는 몫이 문제인 가난도 거머리처럼 달라붙어 놀람을 깨우기도 하고 멀리 달아나는 혼자만의 꿈도 이어진다. 농경사회 꿈은 땅 문제에 걱정하고 늘리는 일이 생존의 길과 이어지는 상상이 대부분일 때, 춘양과 이도령의 사랑이 지고(至高)의 가치로 만들 것이다.

그러나 점차 복잡해지는 사회구조는 수직구조의 사고에 따른 상상이 벼슬이 높아지는 신분의 층계를 가치로 생각하게 된다. 사람은 사람의 구분을 만들고 상층으로 오르려는 생각에 파생되는 모순의 구조는 점차 길이 복잡다단해지고 이를 평등으로 장치를 마련하지만 이에 따르는 제도의 갈래는 그물망을 촘촘하게 인간을 묶는 연습이 날마다 변화한다.

  산업화를 거쳐 이제는 과학, 초전도체에서는 인간의 사고보다 치밀해지고 이기적인 사고의 틀이 공고화 된다.
  과학이라는 산물은 꿈조차 점차 영역이 넓어지고 이전에 겪지 못했던 일들이 상상의 틈새를 넓히게 되는 요인이 되는 것이다. 과거의 상상은 비교적 경계가 확연히 어필하지만 인간 사회가 사다리를 타고 오를 때마다 제도가 주의 단계에서 경각으로 다음은 구금이나 체포의 법률을 제정하여 한계를 설정할 때, 인간의 사고는 오히려 더욱 팽창의 반발하게 될 때, 인간의 문화는 날개를 달고 미지의 방문을 재촉하는– 재차 말한다면 사회의 제도가 얽어맬 때 상상의 자유는 더욱 넓어지는 길을 확보하려 하기 때문이다.
  왜 그런가 하면 상상은 도저히 붙잡거나 법으로 금을 긋는 일이 불가능하기 때문에 상상의 길은 넓어지는 일이 꿈에서 비롯된다고 보는 것이다.
  공상– 보통 일반적인 인간들은 공상이나 상상을 지나치게 하면 미치거나 이상한 사람처럼 취급한다. 그러나 초현실주의에서는 문학에서나 어느 분야에서나 상상과 공상의 구분이 모호한 길을 갖는 이를테면 컬래버레이션(Collaboration) 혹은 생각의 비빔밥이 정당성을 획득하게 된다. 이를 우리는 4차 혁명, 5차 혁명의 기초가 된 것으로 친다면 되지 않을까?

이른바 1998년 에드워드 윌슨의 consilience의 저술인 <The unity of knowledge>로 알려졌지만 이미 이런 징후는 미술의 피카소가 시작했고 살바도로 달리 등 추상화가들의 솜씨는 이미 예견의 징후를 보냈다.

예술 중에도 특히 미술은 상상의 첨단을 먼저 밟고 음악이나 문학은 뒤따라가는 특징이 있다. 일종의 정리 임무를 맡는 쪽이 음악과 문학이 충실할 때 미술은 더욱 빛을 발휘하는 임무에 충실할 수 있다고 본다.

과학과 대칭인 인문학의 분화는 산업혁명 이후 열성적이었지만 21세기를 넘어 IT, 기술의 발달은 순식간에 이런 증거를 뭉개고 하나로 통합되는 일이 현재 진행형이기에 자연과학과 인문과학의 통합이 급격하게 진행되어 신들의 나라 그리스에서 점차 르네상스를 지나며 두 관점은 명백하게 분할의 표정을 나타내는 것을 진리의 명제처럼, 또한 컴퓨터의 출현 동시 자연, 인문의 관점은 하나의 길로 결합하는 상상으로 일치된다는 논리이다.

그 결과물이 로봇의 인간화 앞으로 로봇의 길- 지금 진행형이라 약 35% 몫이라지만 미구에 인간은 의학과 법률의 응용과 적용뿐만 아니라 상상의 결과물인 예술을 빼고는 모도 장악당할 수 있다는 것이다. 물론 문학에서도 소설, 희곡, 등은 문학 장르에서 빠져야 할 운명이 도래했다고 볼 수 있다.

그러나 시나 수필은 구조의 장치가 필요없다는 논지에서 인간 것이라는 소유권이라 보면 어떨지는 글쎄올시다. 작금에 우리들의 상상력은 길이 없음에서 길을 찾는 공상의 방문, 상상의 방문을 허용하고 있다. 왜 그런가 하면 imagination의 질서 있는 길 찾기라기보다 길이 없는 곳에서 이리저리 튀는 Fancy의 표정을 앞에 놓고 그 길을 방황하면 무언가 상상의 입구를 발견하면서 인간의 문화를 새롭게 정립하는 시대의 문이 열릴 것이라 예견한다.

마지막으로 앞으로 이것저것도 아닌 또는 저것도 이것도 결합하는 도처춘풍(到處春風)의 눈부신 시대가 예견할 수 없는 지경의 아득한 노래가 들리는 것 같아 귀의 낯섦을 어떻게 적응할까에 대한 새로운 보청기 생길 것 같아 기다리고 있을까 생각 중이다.

시의 논리

대부분 시를 쓰면서 구조와 논리에 방점을 생각한다. 아침에서 저녁으로 가는 순서와 같이 때에 따라 역전 경우도 있지만, 이 또한 논리의 옷을 입어야 한다. 순서가 관습과 합리적 이유가 내장될 때, 안심하고 시의 종착을 지향하기 때문에 가령 어린이의 행동은 어른의 경우와 달리 돌출적이지만 성장하여 관습의 질서를 익히다 보면 거기엔 일정한 루트가 존재함을 생각하고 행동거지를 나타낸다. 시도 이런 이치에 가깝다는 느끼는 이유에 현실의 문제와 표현의 거리가 너무 멀면 다시 고치고 뜯어서 개작을 하는 경우가 많다. 여기서 논리의 구조에는 의미에의 합리성이 고개를 내밀고 만족한 방점을 찍을 수 있게 되는 것이다.

정신의 흐름은 분석 대상인지 아닌지는 확증적으로 말하기는 어려우나 정답을 찾는 일이 불가능하기 때문이다. 프로이트가 정신분석학을 발표했을 때 사교(邪敎) 혹은 독신이라는 이름으로 비난을 받았다는 것도 우리는 되돌아볼 필요가 있다는 뜻이다.

시, 공간에 대한 견해 이론인 고전물리학의 뉴턴과 현대물리학의 아인슈타인이 공존할 수 없는 물리학적 학설은 인간의 기준에서 언제라도 뒤바꾸는 점을 여지로 남겨두겠다. 그렇다면 시의 논리는 과학적인 더하기의 정치(精緻)함을 요구하는가 아닌가는 때에 따라 생각의 길이 다를 것이다.

시는 과학이 아니라는 점은 명백하지만 하나 더하기 하나는 둘로 나타내는 것이 아니기에 사물의 결합은 감정의 결합과 유사하기에 모호성(ambiguity)의 이유를 완전히 제거하고 판단하는 것은 모순일지 모르나, 관습적인 질서를 벗어날 때는 비이성을 부추기는 방향으로 기울어질 경우 시의 상식은 파괴된다고 보는 것이기에- 물론 이상(李箱)의 시를 비이성이라 딱지를 붙일 수는 없지만 애매하고 사리에 근접하기는 어려운 것도 정확하다고 해도 이를 난해시라 할는지는 글쎄올시다.

시라는 존재는 이성을 깨우는 것이 아니라 감정의 순화와 미적 감수성을 동원하는 정서의 문제이면서 결국 이성에 접근하여 전보다 더 밝고 깨끗한 인간의 길을 만들 수 있을 때, 정서의 전부인 시의 임무는 확실한 임무를 수행하게 된다고 보는 것이다.

그렇기에 시는 논리의 그물을 벗어나면 난해의 숲에서 인간을 조롱하는 표정을 짓게 된다.

상식이 통하는 시는, 그리고 상식이 아닐지라도 그 상식 범주에 순수와 깨끗함 그리고 순화의 마음을 오로지 지표로 삼아 길을 정하는 목적이 옳을 수 있을 것이기에 시의 논리 상식의 논리 상상의 논리라 개인적 소견을 밝히며 에필로그 한다.

비워야 채워지는 문학의 속성

문학의 창작은 끝이 없는 것인가?

우리가 사는 일이라는 것이 비우고 또 채워야 하는 것이 인간사의 삶의 바퀴일 것이다. 우리는 하루만 먹지 않아도 배고픔을 이겨내기 위해 또 채워야 하는 것이 우주 자연의 이치와 원(圓)이라는 오장육부의 생리 현상이다.

마찬가지로 문학도 원리는 같다. 비움과 채움의 길이 삶과 같다면 문학도 번갈아 교차하는 것이 인간사의 삶이고 문학일 것이다. 배가 고프면 채워야 하며 그리고 다시 비워진다. 이는 곧 순환의 법칙이기 때문이다.

노자 4장에 보면 "도는 비어 있어 이를 써도 늘 차지 않고 깊어서 만물의 종(宗)인 것 같다" 했다. 노자의 철학은 도의 철학이라는 뜻은 익히 널리 알려진 사실이다. 그러나 자연은 노자의 철학에 있어 근본의 불변 이치를 설파하려는 깊은 뜻이기에.

　자연에는 있음과 없음의 가치가 채우고 비우고 문제의 이치가 윤회의 바퀴 살을 굴리는 것과 같은 이치라 하겠다.
　그러나 인간은 먹어야 살며 또한 배설해야 한다는 순서가 이어지면서 새로운 먹잇감을 찾아 일상을 비화하는 일이 삶이라 한다면 여기서 있음을 충족하는 일이 먹어 채우는 요인이 배고픔일 것이며 이 배고픔을 채우면 다시 배설의 순서가 비움을 재촉하게 되는 것이다. 있음과 없음은 우리 신체조직에서도 자연의 이치와 닮음을 유지하고 있다고 해도 당연할 것이다. 인간의 이치가 자연의 이치와 상치(相馳)되면 결국 인간은 도태라는 운명을 맞이해야 하기 때문이다.
　채움과 배설의 배고픔이라는 3단계의 법칙은 자연의 질서 개념이고 이 질서를 따르는 일은 곧 자연의 순환에 일조하는 인간의 자연관이 될 것이기 때문이다.
　내가 글을 쓰는 이유도 채움의 방법이고 곧 비움이 있을 때 새로운 것과 맞이하는 일이 진행형이 되는 이유가 곧 삶의 윤택을 보좌하는 경제 논리도 이 3단계의 이치를 어떻게 원활하게 진행하는가는 곧 자연의 법칙 속에 존재의 형태를 맞춤으로 이끄는 이유가 될 것이고 심지어 정치, 경제 문화의 모든 영역은 궁극으로 3단계의 과정이 하드웨어라면 각기에 따른 소프트웨어는 분기(分岐)하면서 다양성을 재촉하게 된다는 것이 이치일 것이기 때문이다.

　가장 중요한 것은 이 소프트웨어의 운용에서 지혜가 수반 된다는 것이다. 막힘이 없이 자연스러울 때 가장 지혜의 장점과 운위(云爲)를 확보하게 된다는 뜻을 추가할 수 있을 것이다.

　부족하다고 판단될 때 그 부족한 만큼을 채우려는 판단과 넘침이 있을 때, 그 상황을 판단하는 결과에서 얼마나 비울 것인가를 아는 일은 지혜의 항목이고 판단도 결국은 지혜의 순서에 들어가는 것이 순환의 법칙이다.
　그러나 예술창작에서 더 많은 것을 창작하면 어떨까? 라는 생각을 하게 된다면 여기서 나의 사상(敍上)의 논리는 모순 같은 이유를 거론하게 된다는 의미가 된다.
　얼마냐의 기준은 항상 인간의 편리 쪽으로 끌어당기는 일이 인간화의 욕심이기 때문에 우리는 자제와 안으로 끌어들이는 창작이 되어야 한다는 뜻일 것이다.
　왜냐하면 자연의 법칙에 대한 거역을 의미할 때, 재앙을 불러오는 이유가 되는 것이기에 적정의 기준은 항상 건강한 상태를 유지할 수 있는 것이다.

"너무"라는 말을 덧붙인다면 욕망이 발동되는 것이며 욕망의 검은 구름은 늘 자기를 삼키는 순서가 엄정하게 다가올 것이기에 여기서 채움과 배설과 비움의 단계를 알아야 한다. 기실 채움의 단계에서 넘치는 순환의 기능이 배설될 때, 자연스러운 비움이 다가들며 또한 반대로 비움의 단계로 진입하기 위해서는 배설과 채움의 길이 열리게 되는 것이다.

 예술은 노자 5장 중 "비었어도 다함이 없고, 움직일수록 더욱 나온다"라는 말이 있듯이 내가 많은 창작을 합리화하는 적절한 예로 들고 싶다. 왜냐하면 일반 기준에서 확실히 많은 일을 하는 사람이 꼭 있기 때문이다.

 이를 신명이라 부를 수 있는 것이며 집중화의 광기(狂氣)라는 말로 부를 수도 있지 않을까? 여기서 "동이 유출"은 스피드로 진행하는 예술창작의 다작(多作)에의 합리로 울타리를 쳐야 한다는 논리이다. 일반적인 기준에서 볼 때는 간판의 용어가 되기 때문이다.

 논지를 일탈하는 것 같지만 여성의 음부인 곡신(谷神)의 창조에는 얼마의 기간이 무한이라는 기준에 있을 수 있지만 가령 남녀가 결혼하여 3명의 아이를 생산하는 여성과 12명을 생산하는 때도 있다면, 후자는 확실히 곡신(穀神)의 왕성한 경우가 될 뿐이며 그 전 단계는 화합의 남녀가 이루는 성과라는 뜻이다.

 예술가는 결국 곡신(穀神)의 생산 기능과 같다는 점에서 과작과 다작의 이름을 분간하는 경우로 진행되는 것이다.

연혜(淵兮) 즉 깊다. 라는 어둠이 창조의 근본으로 이끄는 이른바 칼 융이 강조한 무의식의 깊이를 방문하면 신기한 것을 발굴하는 원천에 도달하는 재미가 있게 된다.

칼 융은 <잊는다>를 인간에게 있어서 정상적인 것이 필요하다는 뜻으로 역설했다는 증거일 것이다.

잊음은 비우기라는 뜻에 도달하기 때문이다. 여기서 창작의 비움은 곧 채움으로 가는 일이라는 뜻을 첨가할 수 있다는 이유가 되는 것이다.

시를 관조하며
밖으로 내보낸 후
빈 배에 출렁이는 뱃살이

시원하여 밀물로 다가온
파문의 고요 앞에
Ego가 흔들린다.

누구를 보냈다는 이유로
망연자실의 파노라마는
또 무엇인가?

찾고 있는

흔들리는 봄바람 기다리듯
보낸 느낌의 허전도 이럴까?

여전히 정적이 쌓이는
허기가
하냥 그렇다.
_졸시 <배고픔> 중에서

배고픔이 채움의 전제라면 시인이나 작가는 무한 배고픔을 채우기 위해 탐색의 눈을 두리번거리면서 날마다 빛나는 눈을 가져야 할 것이기 때문이다.

내가 글을 쓰는 것은 자연의 이치에서 부속품이라는 점에서 조금 더 열성적으로 움직이는 일이 합리적임을 변명하는 절차라, 이는 내 개인의 주관적인 뜻으로 돌린다면 꾸미는 말로 들릴 것이기에 조심스럽고 겸손도 모르는 것은 아닐지.

그러나 열정과 수고스러움으로 글을 많이 쓰는 것도 나쁘지는 않을 것이며 생산적이지 아닐지라도 스스로 자위하며 긍정으로 생각하는 것이다. 비움의 문학이라는 창작에서 말이다. 문학을 이끌고 가는 것이 비우고 채움이라면 창작의 문학이란 상상일 것이기 때문이다.

문학은 종점이 없다고 했듯이 창작의 문학은 끝이 없다고 한다. 창작이란 시에 대한 분석이 언제나 치밀한 뇌수(腦髓)의 조력을 받아야 하며 종합적인 정서의 흐름을 느껴야만 하는 것이기에 자연과 사물에 대한 촉수가 있어야 한다는 뜻이며 공존과 조화 속에서 미적 순수성을 가질 때 창작의 길을 갈 수 있는 것일 것이다.

그렇기에 비우고 채우고 배고픔을 알아야 창작을 끌어낼 수 있다는 것이라 굳게 믿으며 에필로그 한다.

상식이 흔들리는 사회의 문학인으로 살기

상식이 통하는 문학 사회

상식이 통하는 사회에서 공정으로 이어지는 문학이 아니라 이른바 Sns로 떼거리로 몰려다니며 거짓으로 난무하는 사회가 이루어지듯이 문학 또한 반으로 나뉘어 나는 진보라 황색 저널리즘의 바람에 의해 민중 타령으로 온갖 거짓과 비방으로 이 사회 현상을 오염시키고 있다.

문학도 어쩔 수 없이 정치적인 행위 속에 존재할 수밖에 없다고 한다. 무정부주의자라 한다 해도 어딘들 따라오는 제도와 세금 등은 여지없이 발목을 붙잡는 것은 자명하다. 아무도 없는 산속에서 산다 해도 제도의 그물은 피할 수가 없기 때문이다.

모든 인간은 사회라는 그물망 속에서 벗어날 수 없기에 군집의 속성을 갖고 살아가는 인간의 성향에는 조직을 운영하고 이 조직은 운영의 방도로 세금을 걷고 시스템을 구축하는 일이 갈수록 촘촘하다.

그래서 필자는 흔들리는 세상을 문학인으로 어떻게 살아갈 수 있는지를 묻고 상식선에서 문학인의 길을 가감 없이 말하려 하는 것이다.

이제 정권이 바뀌어 빈자일등(貧者一燈)의 촛불이 민주주의 본질처럼 호도하는 이른바 선동 지도자라는 사람들의 눈치를 볼 필요가 없다는 데 다소 안심을 하지만 아직도 고대 그리스 아테네에서 시민권을 가진 사람들이 다수결 원칙이라는 결정했던 방법이 이 땅에서 촛불로 함성을 지르는 그 함성은 아직도 수그러들지 않고 있다.

일반 사회의 대중은 이성보다는 감정이 지배하는 경향으로 흐를 가능성이 많다는 것에 우려되기 때문이다. 더구나 선전 선동으로 중심 세력이 되겠다는 못난 자들이기에 위험이 증대한다.

노동계나 문화계나 교육계나 거의 같은 방법으로 한국 사회를 좌지우지하는 경향이었지만 차차 그런 경향이 줄어든다는 것이 다행한 일이라 하겠다.

사실 좌편향의 좌파라는 인물들이 북한 편들기가 불균형의 가치로 더욱 한쪽으로 쏠렸다면 이제는 그 기울어진 운동장을 바로 세울 때가 아닌가 한다.

내 철학은 지고지순하고 남의 철학은 개똥으로 버려야 하는 사회라 한다면 오만의 질주가 심할 뿐더러 독선의 칼날은 타인의 가슴에 비수를 품는 악순환의 현상이 증가폭을 가파르게 높이고 있다.
　이러한 징후는 사회 전반에 포진해 있고 특히 정치판은 진보와 보수라는 이분법으로 강한 방어막을 치고 내가 권력을 잡으면 상대는 죽이겠다는 포용 없는 조사를 해서 고구마 줄기를 끌어올리는 형상이 악순환의 부메랑이 될 것 같다.

　상식도 없고 공정도 사회 정의도 없는 시대인 것은 아닌지- 서로가 바른 것을 추구하면 서로가 응하는 일이라면 진보, 보수, 혹은 좌우라는 분류가 가져오는 비극은 정말 목불인견이다.
　이견이 있을 때, 이를 화합하고 조화하는 것은 집권의 철학이 있어야 하지만 오로지 내 편과 내 것을 많이 확보하려는 일은 결국은 수렁에 모두가 빠지는 탄식만이 불러올 뿐이다.
　문학은 사회를 모두 수용하여 표현의 길을 만드는 거울이다. 현대문학의 경우 대부분이 대립의 각을 세우면서 이익 쟁취의 수단을 원하는 일로 지나왔다고 해도 과언이 아니다. 그렇다면 이익의 본질은 무엇일까? 돌아보면 자기를 잃어버린 허무 이외에 무엇이 남을 것인가?
　이는 문학의 본질이 사라졌고 오로지 너와 나의 삿대질이 지금까지의 현상일 것이다. 지난번 어느 문학 행사 초대를 받아 참석을 해보았지만 뭐 그리 정치꾼들이 왔는지 문학 행사인지 정치 행사인지 도무지 분간하기어려웠다. 물론 낭송을 잘하고 글을 잘 쓴 자가 상을 받는 것은 당연지사이다. 그러나 주위의 연결이나 어느 주최자에게 잘 보인다고 상을 타서는 되지 않는 일임에도 뒤에서 작가들이 수군거리며 누구에게 잘 보여 상을 타는 것이라고 말을 들었을 때 필자는 조용히 그 행사장을 빠져나왔다.

현 사회는 어느 한 곳도 이러한 대척(對蹠)의 경우에서 왜 너는 나와 다른가를 따질 뿐 너는 나의 일부라는 의식이 없는 쪼개기 현상, 갈라치기 현상에서 당면한 비극의 길을 잃어 헤매는 일이 자심(滋甚)함을 부인할 길이 없는 같아 아쉬움이지만 우리 사회를 위해서라도 문학을 하는 작가들만이라도 상식의 철학을 실천하는 균형의 길로 가기를 기대하며 내 문학은 여전히 모순의 옷을 입고 너덜거리는 표현에 땀을 흘리는 일이 오늘도 진행형이라 어떻게 가는가를 모르는 맹목이 두렵게 느끼면서 에필로그 한다.

한국 문학의 평행이론2

반복의 질서 이론

순환과 질서

문학이란 역시 무엇일까? 별안간 어디에서 오는 것도 아닐요. 그렇다고 하늘에서 뚝 떨어지는 것도 아닐터- 이런 물음에 필자는 역시 운명론적인 개입이 아닐까 한다. 왜냐하면 평행이론이란 서로 다른 시와 글, 공간 안에서 존재하는 서로 다른 사람의 운명이 같은 식으로 반복되는 것은 아닐지. 인간의 삶이란 모두가 다른 개성으로 살아갈지라도 삶과 죽음이라는 도정(道程) 앞에서는 거의 유사하다고 볼 수 있지 않을까 하는 것이다.

생명이 태어나고, 자라면서, 학교, 그리고 청년을 지나 장년 그리고 노년을 거치는 과정에서 생의 형태는 거의 같을 것이기 때문이다. 특수한 사람의 경우를 본다면 아브라함 링컨이나 케네디의 경우가 일치한다고 할까. 독재자의 나폴레옹과 히틀러가 야심과 정복욕이라는 과욕으로 비슷하다고 할 수 있겠다.

하나의 공간에서 반복의 횟수는 언제든지 나타날 수가 있으며 이런 반복은 인간사나 우주의 질서라는 원리에서 만날 수 있는 가상의 논리는 유사상으로 나타나는 것은 아닐까 한다.
사실 오늘은 어제의 복사판이고 현실은 과거의 되풀이라는 가정이 틀렸다면 존재의 이어짐은 단절되고 맥이 사라지는 답안일 것이기 때문이다. 명칭과 사건의 성질이 약간 다를 뿐 본질에서는 다름이 없는 비유가 될것이기에 .
다시 말하면 새로운 것이 아니라 이어지는 연속에서 변화일 뿐이라는 주장이 설득력을 갖는 이유에서이다.

이런 경우 우연의 일치라는 말로 정리하기엔 너무 많은 시·공의 대입이 지난(至難)한 것도 사실이다. 사실 인간의 지혜로 우주라는 거대한 공간과 시간의 소급은 사실상 물리학의 어려운 숙제 풀이에 해당하기 때문이다.
객관적으로서의 시선의 확보와 정리가 어려운 것은 단순히 지혜만으로 가상의 정리는 어렵기 때문이다. 그러나 시차를 두고 주기적으로 일정한 패턴이 반복되는 경우에는 많은 경험이나 체험으로 인지할 수 있을 것이다.

숙명적 표현의 유사성

문학의 표현은 인간의 삶을 전기적으로나 통시적으로나 문자로 포착하는 점에서 복사본의 경우에 해당할 수 있음을 대부분 알 것이다. 도플갱어라는 말이 성립되기 위해서는 복사기를 돌리면 똑같은 현상으로 출현하지만 사실 엄격하게 분석하면 유사한 것이지 아주 같다라는 단정은 아닐 것이다. 이 점에서 패턴의 반복은 문학의 숙명적인 이름으로 정리되는 것이다.

문학의 내용은 삶의 기록이기 때문에 언제나 유사하게 나타나고 진행될 수밖에 없다. <춘양전>과 <로미오와 줄리엣>의 경우도 본질에서 유사한 사랑의 내용일 것이다. 다시 말하면 청춘 남자와 여자가 만나서 사랑을 이루는 과정에서 굴곡을 이루면서 마침내 사랑의 종점에서 이르는 경우는 같은 내용이 주인공의 이름과 지명 등 반복의 패턴이라 말할 수 있지 않을까?

신랄하게 말해서 창조라는 말은 그럴 듯 하지만 결국에는 유사한 복사라는 말이 더욱 정확하지 않을까 하는 것이다. 사실 인간의 일생이라는 총론에서 가지가지의 각론이 결합하여 전체의 맥락을 이룩할 때, 감동이 나타나고 기억을 새롭게 윤색하는 일이 작가의 임무라 할 것이다. 그러나 엄밀히 따지면 나는 아버지를 닮았고 아버지는 할아버지 등 사다리 위로 올라가면 삶을 이룬 길은 같지만, 시간과 공간의 다름이 무대 장치에서는 다르게 처리되는 것이지만 본질은 하등에 다름이 없는 반복이 문학의 표현 양상일 뿐이다.

평행의 본질-이미지 평행론

삶의 진전이 시작되면서 이미지라는 것이 너무나 많이 발전한 것은 사실이다. 다시 말하면 서로간의 소통을 전제로 필요한 만큼 의사 전달의 수단이 직접적인 것에서 간접적인 방향으로 필요를 갖고 전달의 평이성이 나타나는 길이 다양해질 때, 비유에서도 직유와 은유 혹은 상징이나 알레고리 등의 다양한 전달의 방편이 나타날 수밖에 없는 이유는 생활의 발전에서 길을 찾을 수 있겠다. 단순한 구상적이라면 추상은 좀더 미묘한 감정의 갈래가 다양성으로 나타난 것을 암시한다. 서로간의 소통이 둘이 있을 경우와 셋 이상의 복수의 집단에 이르면 필연적으로 은유적인 현상을 불러오게 된다. 아마도 고향이나 어머니 혹은 사랑은 그 중에서 가장 많은 빈도의 비유물이 될 것이다.

사랑 평행

사랑은 인간의 원형적인 공간으로 자리잡는 개념일 것이다. 이른바 soul과 anima와 animus의 상반된 현상도 복잡에서 의사 소통의 길을 마련하는 일이라면 태초이래 인간의 문화는- 우주의 질서 속에서 찾을 수 있는 사랑은 생명체의 본질을 추구하는 먼 개념일 게 분명한 것 같다. 모든 소설의 줄거리는 사랑을 떠나서는 성립 불가의 판단이고 시 또한 궁극에 도달하는 목적지는 인간에 대한 사랑의 원형을 찾아 나서는 여정일 것이다.

　이광수의 <사랑>과 <춘향전>의 이야기 질서는 사랑을 이루는 과정의 이야기일 뿐이다. 그것이 삼각형의 구조이든 단순 구조이든을 막론하고 마침내는 사랑의 종점을 이르러 행복을 갖는 행복한 결말과 불행의 결말을 맞이하는 비극적인 현상을 막론하고 사랑을 운위하는 줄거리가 태반이기 때문이다. 근본은 생식적인 사랑, 즉 종족본능을 유지하기 위한 이성간의 사랑이 부모와 자식으로 이어지는 원인이 출발의 원형인 것이다.

　그러나 살모사에 이르면 생각을 멈추게 된다. 태어난 자식이 그 모태의 어머니를 잡아먹는 일- 그러나 본질에서는 다름이 없을 것이다.

　여름에 무성한 나뭇잎은 가을이면 떨어지고 다시 봄이 되면 그 자리에서 새싹이 나오는 나무들 - 상수리 나무는 그 모태를 떨어뜨리고 그 바탕에서 새로운 싹이 나온다. 형태만 다를 뿐이지 살모사나 인간이나 혹은 자연의 모든 생명체는 결국에는 그 어미의 뒤를 이어 존재가 이어지는 길이 있다. 우주의 질서 속에서 미지를 향하는 길에 변화를 체험하는 일은 곧 원형질에서는 똑같다 하겠지만 장소와 시간의 배열이 달리 설정되었을 때, 신기함이라는 이름으로 정리하는 인간의 문화현상이다.

원형의 속 깊이에서는 본질이 한가지의 원리가 나누어지는 길을 문화의 발달 현상으로 정리하는 것이 인간의 습관이라 하겠다. 그렇다면 사랑이란 대칭 평행의 서로 다른 개성의 존재- 양성이나 음성 혹은 여자나 남자 또는 밤과 낮의 나눔에 따라 인력(引力) 현상이 본질의 중심이라 하겠다. 사랑은 일종의 끌어당김이기 때문에 가까이 다가오면 행복이 되는 희극이지만 멀어질 때는 비극이라는 거리가 존재한다. 이 거리를 위해 밀고 당기기가 진행되는 관계망은 항상 구성으로서의 전개양식을 가질 때, 사랑은 풋풋한 뉘앙스로 작가의 마음을 이끌어 가는 것이라 하겠다.

수없이 고개를 저어도
다시 정지되는 그 얼굴

단 한 번의 미소에도
환한 마음이 끄덕인다.

미워도 사랑
싫어도 사랑
그 말 한마디 사랑

깊은 내 살 속에 박힌 사랑
수없이 고개 저어도

당신 가슴속으로만 파고 들어가니

이 깊은 사랑 어찌 하오리까 ?

_졸시 <깊은 사랑>

사랑이라는 말은 매우 보편적인 어의(語義)이다. 그러나 이 보편성 속에서 갖는 진솔한 마음이 담겨 있을 때, 소박하고 질박한 모습이 투영되는 것이다.

모든 시인들은 가장 흔한 사랑을 소재로 신비의 길을 찾으려는 여행을 마다하지 않는 이유는 사랑에는 자화상을 만나는 길이 담겨 있기 때문이다. 나 혼자일 때는 고독의 물살에 잠길 것이지만 너와 내가 하나로 모아질 때는 전혀 다른 나를 만나는 변화를 실감하게 된다.

그 때문에 사랑을 노래하는 마음이 많은비중을 차지하는 시의 내용은 비록 뻔한 내용일지라도 호기심을 가지고 나와 연결하려는 동경의 발동이 시작된다. 은유나 비유를 치장의 무기로 삼는 그 속살을 꺼내보면 본질은 이성간의 혹은 대상에 대한 나의 연결 고리를 만들려는 발상이 시작된다.

대상의 광범위한 사랑의 설득은 다음의 예로 보편적인 사랑의 범주가 시작된다고 볼 수가 있다.

내가 인간의 여러 언어를 말하고 천사의 말까지 한다 할지라도 사랑이 없으면 울리는 징과 요란한 꽹과리와 다를 것 없습니다. 내가 하느님의 말씀을 전할 수 있다 하더라도, 온갖 신비를 꿰뚫어 볼 수 있는 모든 지식을 가졌다 하더라도, 산을 옮길 만한 완전한 믿음을 가졌다 할지라도 사랑이 없다면 나는 아무것도 아닙니다. 또 내가 비록 모든 재산을 남에게 나누어 준다 하더라도 사랑이 없으면 아무 소용이 없습니다. 사랑은 오래 참습니다. 사랑은 친절합니다. 사랑은 시기하지 않습니다. 사랑은 자랑하지 않습니다. 사랑은 교만하지 않습니다.

……………………

사랑은 모든 것을 덮어주고 모든 것을 믿고 모든 것을 바라고 모든 것을 견디어냅니다.
_<신약성서> 고린도 전서 중

모든 것을 나로 출발하는 것이 아니라 타인을 나로 끌어드리는 희생의 마음이 담겨질 때 사랑의 힘은 위대한 힘을 갖는다는 뜻일 것이다.

모든 것을 덮어주고 믿고 바라고 견디어내는 데 힘이 나오기 때문이다. 인간의 사랑은 신비의 에너지를 갖고 초월적인 강인함을 나타내는 법칙이 따라온다. 굳이 이성간의 사랑만이 아니라 부모와 자식 혹은 남과 나 또는 사제지간 등 관계망이 설정되는 모든 관계를 언급하는 사랑은 존재의 본질이기 때문이다.

인간은 사랑으로 태어났고 사랑으로 자라면서 사랑의 의미를 깨달아가는 길에서 방황하고 사고하고 더러는 사랑의 영역을 벗어나는 비극에 빠지기도 하는 것이다. 그러나 사랑의 본질은 사랑을 선택하는 방법에서 행운과 불행의 갈림길이 나타날 때, 지혜를 동원하는 삶이 필요한 요소가 남게 된다.

사랑이 아프길래
어디 갈까 망설이다
병원에 들려
어디 아프냐 묻는
Dr. 문진에
마음이 아프다 말하니
청진기 이리 저리
심장의 소리 들어도
답을 못 찾아
처음 보는 병이라
음식 잘 먹고
운동 열심히 하라는
처방에 가물거리는
아픔 찾지 못해
사랑은 병이 아니고
마음이 병이라

체념으로 돌아서는

시야에 햇살이 따라오면서

눈이 부십니다.

　_<마음의 아픔> 중

　사랑은 마음에서 시작되고 마음에서 방황인지라, 정리 혹은 안착의 과정을 거치면서 그 어떤 상황에 들어가는 것이다. 여기서 "어떤"이라는 의미는 저마다 다른 개성의 품성에 따라 이룩되는 것이라 모양은 달라진다는 이미지일 것이다. 마음이 즐거운 상황과 마음이 아픈 상황에는 전혀 반대되는 길에 사랑의 이미지는 분기(分岐)한다.

　그러나 시는 역설의 의미를 그대로 받아드릴 때, 오류가 발생한다. 가까이 보이는 사물이 때로는 멀리 있을 때, 실루엣의 아름다움은 더욱 환상과 환영을 자극하는 것처럼 아름다움은 일종의 안개 숲에 들어있는 만질수가 없는 대상일 때, 그 아름다움을 실제로 붙잡는다면 실망으로 질펀해지는 것이다.

　물론 아픔은 길고 기쁨은 짧은 시간의 선상에서 어떤 지혜로 스스로를 알아가는 시간과 개성과 인내심이 결합하여 비로소 일정한 패턴으로 자리잡을 수 있게 된다. 아무튼 사랑은 상상의 울림을 주는 것만은 아니며 때론 아픔과 동반되는 산맥을 높이 세우는 걸림일 때, 그 산의 높이만큼 인내의 지도가 그려져야만 한다. 왜냐하면 사랑에는 정답이 없기 때문이다.

고향 평행

고향이란 "제가 나서 자란 곳" 또한 "제 조상이 오래 누려 살던 곳"이라 사전은 정의한다. 이는 현상(現像)으로 말하는 의미일 뿐, 마음이 지향하는 뜻과는 상충되는 점이 많다.

왜냐하면 생물학적인 의미의 고향이지 정신의 본질과는 일치하는 것만은 아니다. 너무 협소하고 태생적인 한계만이 고향이라고 말할 수는 없기 때문이다.

다시 말한다면 "고향"하면 떠오르는 이미지가 ①포근함 ②다정함 ③그리움 ④안타까움의 4가지 유형으로 정신을 지배하는 요소이기 때문이다.

포근함이란 어머니의 품 속 같은 아늑함의 정서가 길게 간직되는 인자로 가슴을 채우는 이유가 잠재되며 온화하고 꿈속같은 평안함이다.

두 번째, 다정함이란 친근미의 정서가 깊게 드리우는 인자로 마음을 채우는 이유일 게다. 사실 명쾌한 설명이 불가함도 사실이지만 논리 속에 또 다른 논리가 담겨있는 양상으로의 정신적인 그림이 될 것 같다.

세 번째, 그리움의 요소는 다정과 그리움의 이유 또한 밀접한 상관으로 접속된다. 때문에 고향은 어머니의 이미지에 닿지만, 이는 지명의 이유가 아니라 마음이 지배하는 길이 될 것이다.

그리움의 종적을 어떻게 잡을 수 있을까? 이 물음에는 사실 불가능한 문제이기 때문에 정답을 찾을 길은 없을 것 같다.

마치 안개 속에 들어있는 어릿거림과 같은 이유는 네 번째인 안타까움과 연결된다.

　이는 거리의 문제이다. 다시 말하면 실상을 만지거나 붙잡을 수 있다면 안타까움은 발생하지 않는다. 그러나 붙잡을 수 없는 거리의 문제 때문에 마음에 초조증이 발동되고 그리움과 안타까움과 다정함, 포근함이 연결되면서 고향의 길이 아득함으로 정신의 지도를 그린다.
　실제로 고향을 붙잡을 수 있고 땅을 밟고 있다 하면 감각이 발동되지 않는 것이 사실이다. 그러나 떠난 거리와 시간의 상관이 만들어내는 증세가 곧 고향의 정신적인 문제로 등장할 때, 항상 마음속에서 떠날 수 없는 대상이 된다.

　고향에 고향에 돌아와도
　그리던 고향은 아니러뇨

　산 꿩이 알을 품고
　뻐꾸기 제철에 울건만

　마음은 제 고향 지나지 않고
　머언 항구로 떠도는 구름

오늘도 메 끝에 홀로 오르니
힌점 꽃이 안젓스레 웃고

어린시절에 불던 풀피리 소리 아니냐고
메마른 잎술에 쓰디 쓰다.

고향에 고향에 돌아와도
그리던 하늘만이 높푸르구나
_정지용<고향(故鄕)>

　　정지용의 <향수>와 <고향>은 기억의 재생산이 가져오는 허무를 볼 수 있다. 다시 말해서 고향이 안타까운 거리의 좁힘- 돌아와서 바라보고 생각하니 예전에 고향은 이미 사라진 아픔이 발설된다.
　　"산 꿩" "뻐꾸기"는 예전 그대로인데 반해 "머언" 항구로 떠도는 이방성이 자리잡은 안타까움이 그리움의 길을 애절하게 재촉한다. 하여 "메" 산 끝에 홀로 올라 회상의 장면을 펼치는 시인의 마음에 위로의 항목은 꽃이 웃는 이미지를 대면해도 쓰디쓴 입맛.

　　변화 앞에 설명이 부재한다. 이리하여 정지용은 고향에 돌아갔지만 예전의 고향은 이미 어딘가로 사라진 공허의 방향이 애절성을 재촉한다.

백석의 <고향 1938>은 사투리 그리고 토속적인 정취가 시인의 개성을 발휘하는 것 같다. 김소월의 고향 인식이나 백석의 고향의 개념은 동질 의식이고 정지용은 상실이라면 둘의 공통성은 그리움이라는 애절성에서는 다름이 없다.

인적(人跡)이 끊긴 산 속
돌을 베고
하늘을 보오
구름이 가고
있지도 않은 고향이 그립소
_김상용 < 향수>

월파 김상용의 고향은 경기도 연천군 군남면 왕림리로 부유한 한 의사를 부친으로 둔 일본 유학생이었으나 일제 침탈로 인해 상실감의 고향 의식이 그의 시의 정석을 장악한다.

<향수>나 <추억> 등의 많은 흔적이 시집 <망향>의 애절성의 원인이 과거지향의 아픔이 작동되다. "있지만 있지도 않은 고향이 그립소" 라는 고백에서 시인이 느끼는 부재의 의식은 언제나 안타까움이 그리움으로 연결을 형성할 때, 그의 노래는 처절한 아픔이 길을 잃었으니 정지용의 정서와 상통되는 이미지가 대부분이다.

겨울이 깊어가는
밤이면 잎사귀는
한국어로 다독이며
상처를 치유하는데

올해 겨울은 너무 서러워
눈꽃마저도
잎사귀를 붙들고 울었다.

그 울음은 일본어인데도
이웃 사람에게는
한국어로 들려
꽃마저 잘리는
슬픈 겨울이었다.
　_왕수영 〈슬픈 겨울〉

　오랫동안 일본에 거주하면서 한국어로 시를 쓴 시인 왕수영의 감수성이 애달프다. 국내에서 느끼지 못한 고국에 대해 사고는 항상 떨어진 거리와 시간만큼 절절하고 애달픔이 출렁이는 점에서 아픔이다. 며칠 동안의 외국 여행에서 돌아와도 새삼 반가움을 느끼는 것이 보편적인 심사일 텐데 오랫동안 고국을 떠나 삶을 영위하는 마음이야 새삼 필설이 딴청이 될 것이다.

신화의 이론에서 겨울은 악마적 이미지로 상징을 갖는다. 이는 비극적 양식의 비유에서 시인의 정서가 축자적(逐字的)으로 나타날 뿐 아니라 자신의 얼굴을 그 상징 속에 감추고 나타나는 의식이기 때문에 겨울 속에서 살아온 의식이 슬픔으로 정리된다.
　모든 시인이 많은 빈도로 고향을 노래하는 이미지는 한결같이 닿을 수 없는 거리의 상실에서 오는 감수성일 것이다.
　현대에 이르러도 그런 상실은 추억의 장면을 되살리려는 점에서 또 다른 측면이 인식을 치장한다. 그리하여 고향은 추억을 장식하는 페이지의 가장 앞자리에서 장면을 다양하게 연출한다. 왜냐하면, 많은일들이 얽혀있고 그 얽힘의 실마리는 이어 이어서 오늘에 이른 거리가 멀리 있지만, 언제나 마음 깊은 곳에 담겨진 저장의 기억이 오늘의 시간 앞으로 출몰하기 때문이다.

　동네 큰 마당에 아이들 소리 왁자그르하다.
　골목 시장에 나온 재벌가의 새파란 며느리
　바구니에 콩나물 사들고 가는 저녁이다.
　시락국 된장 끓는 냄새에 밥물 넘는 소리까지
　딸각거리는 모두가 고스란히 풍경이 되어
　몽당 치마의 언니는 젖먹이 동생을 업고 가는
　집집마다 놀기에 참적한 아이 불러들이는지
　붙돌아 곰순아 마당쇠야 해드기야 늦둥아
　어머니는 또 동생 이름을 한참 더듬거리고

어스름 치마 밑에 불빛 후루룽 날아다니다.

_<김석규><낙원기행>

  시는 그림의 연출이 또 다른 축을 형성한다. 김석규의 시의 상당 부분이 과거의 풍경이 소재로 사용된다. 이는 과거지향에서 오늘의 꿈과 현실을 대비함으로써 인상 효과를 자극하는 기법일 수 있음이다. 그러나 문학표현의 강조점은 미래, 꿈 그리고 사랑에 초점이 모아져야 한다. 왜냐하면 인간은 뒤로 가는 인생이 아니라 앞으로 가야 하는 삶이기 때문이다.

  골목의 왁자그르르한 아이들 소리와 콩나물 시락국 밥물 소리까지가 전반의 6~70년대의 풍경이 되고-"재벌가"의 며느리는 당시와는 이질적인 비유의 이미지- 후반의 풍경은 카메라가 어느 아이 많은 집의 정경으로 일종의 Panning Shot으로 들어간다. 가난하지만 많은 형제의 왁자한 소란에 어머니의 당황스러운 모습이 필름을 뒤로 돌리면 나타났던 우리의 어렵고 힘들었던 가정 풍경이었으니, 이름 더듬을 정도의 자식 많은 어머니의 안쓰러움이 눈물길로 가는 모습같다.

  아무튼, 이 풍경 속으로 가야 하는 시인의 마음은 확고한 신념의 기둥이 되는 정서의 길이 분주해진다. 시인의 고독이 안정감을 찾을 수 있는 길이 열리는 뜻이 담겨지는 듯하다.

그 당시 사실 전쟁의 참화 이후 살기 어려운 가난한 풍경이 파노라마로 연결될 때, 오늘의 시점에서 과거로 돌아가는 필름에는 참혹한 정경이 시의 비극적인 무드를 장식한다. 그러나 시는 과거만을 노래하는 가락이 아니다. 일종의 carpe diem the 즉 seize the day를 말한 호라티우스의 송가 14번의 노래처럼 희망과 꿈을 가져오는 도구로의 인유(引喻)에 소속되는 점이 아닐까 한다.

3) 어머니 평행

우리나라 국어사전은 언제나 밋밋하다. 왜냐하면, 가장 엄밀하고 정확한 필요에 의해서 출발하는 것이 사전의 정의이기 때문이다. "나를 낳은 여자"로 국어사전은 뜻을 풀이한다. 이 말은 드라이하고 정감이 없는 말로 설명되지만, 막상 어머니를 연상하면 따스하고 포근하며 정다워 잠들고 싶은 느낌이 어머니의 이미지로 다가든다. 이는 시적인 뉘앙스이기 때문에 어머니는 항상 다정의 이름과 가장 친밀한 정감으로 시화(詩化)된다. 이는 모든 동식물에 이르기까지 모태의 근원을 의미하기 때문에 잊지 못하는 이름이 되는 것이다. 그러나 여기에 함께 있음과 부재의 두가지 구분에 따라 시의 토운은 달리 표현되지만, 근본적인 상징은 그리움, 따스함 혹은 애달픔으로 압축된다.

2차대전 미국이 필리핀을 점령했을 때의 일이다. 마닐라 해안을 향해 함포사격을 하려고 할 때 한 해병의 옷이 바다에 떨어졌다.

상사가 말렸으나 그 해병은 물에 뛰어들어 자기의 옷을 건졌다. 그러나 상사의 명령불복죄로 군법에 회부되어 법정에 서게 되었다. 사법관 듀이 장군이 왜 물에 뛰어 들었냐고 하니 그는 젖은 옷 속에서 어머니의 사진을 꺼내어 보여주었다. 그것을 본 듀이 장군은 감동하여 그에게 악수하며 "어머니의 사진 때문에 이처럼 희생정신을 발휘하였음은 놀라운 일이다"라고 하면서 한 계급 특진을 시켜주었다.

왜 그런가 하면 어먼의 사랑은 위대했기 때문에 자신의 목숨을 걸고까지 어머니의 사진을 건져낸 것이며 그 결과 억울한 죄면에서 풀려났을 뿐 아니라 특진까지 했으니 얼마나 어머니의 사랑이 큰 것인가는 우리가 예화로 알고 있다.

_이어령 편저 <문장대백과사전>에서

어머니의 사진이 곧 목숨이라는 등식이 성립되는 것이다. 또한 어머니는 조국이라는 등식과도 어울리기 때문에 장군은 이를 알고, 죄를 묻지 않고 희생정신으로 의미를 받아 드린 점은 사병이나 장군, 둘 다 위대한 정신의 깊이를 갖고 있다 하겠다.

인간은 우매와 깨어 있음에 따라 부모를 대하는 태도는 다르지만, 불효라는 말은 아마도 인간만의 경우에 해당될 것이다. 이는 부모를 버리거나 무시하는 경우 무지의 자기를 투영하는 효심이 감동을 낳게 된다. 동식물 등 모든 존재는 근원에 대한 깊은 사랑을 갖고 살아 가고 있다. 이는 삶의 원천에 이르고자 하는 본능이 지배하기 때문이다.

동물을 소재로 쓴 시의 경우를 한번 들여다 본다.

깍아 세운 듯한 삼방 고개로
누런 소들이 몰리어 오른다
꾸부러진 두 뿔을 들이먹고
가는 꼬리를 두르면서 간다.

음머 음머 하고 연해 고기를
뒤로 돌릴때에 발을 헛짚어
무릎을 꿇었다가 무거운 몸을
한걸음 올리곤 또 올려 움머!

갈모 쓰고 채찍 든 소장사야
산길이 험하여 운다고 말아
떼어 주고 온 젖먹이 송아지
눈에 아른거려 우는 줄 알라

삼방 고개 세포(細浦)검불랑(劍佛浪)
길은 끝없이 서울에 닿았네
사람은 이 길로 다시 올망정
새끼둔 고산(高山)땅, 소는 못오네
_이광수 <서울로 간다는 소>

1926년 10월 <동광(東光)> 제6호에 발표한 작품이다. 의미상 두 단락으로 소가 떠나는 슬픔의 모습과 두 번째는 시인이 제3의 눈으로 비극적인 이별의 본질에 대한 분석을 담고 있다. 굳이 일제 치하를 염두에서 제거해도 어미소와 송아지의 이별이 아픔으로 오버랩 된다. 발을 헛짚어 무릎을 꿇었다가 무거운 몸을 이끌고 가는 슬픈 행렬과 시대고(時代苦)의 상황이 겹치는 것 같다. 소나, 개, 돼지에 이르기까지 모든 생명체는 모정을 벗어나서는 존재의 근원이 없다. 이는 사랑이라는 원심력을 벗어날 수 없는 존재 자체의 문제일 것이기 때문이다. 달리 말을 한다면 태생적인 사실을 부인할 수 없는 필연이 내장 되었음으로 설명이 가능한 것이다.

　모든 작가는 휴머니즘을 어떻게 펼치는가의 생각에 일관성을 사상이라 칭하는 것이다. 이광수는 확실히 휴머니즘의 본질에 도달하려는 의지가 왕성하였지만 그의 문학적인 말로는 어긋난 잠시의 행위가 아니었다면 위대한 문호였음은 분명하다. 그러나 이광수의 문학을 깊이 이해한다면 그의 어린 시절이 아픔과 비극적인 상황을 대입하면 이해의 길이 넓어지는 것도 사실일 것 같다. 이광수만큼 문학적인 넓이와 깊이를 간직한 작가는 대한민국 문단에서 희소하기 때문이다.

　나폴레옹의 독일 침략에 말발굽 아래 무릎을 꿇고 "세계의 양심이 온다."라 말한 괴테나 간디- 열혈청년 딩그리 비판이나 카스트

제도의 옹호나 1차대전에서 영국의 총알 받이로 징집에 찬성했던 일이나 토지개혁을 반대했던 일을 파묻고 좋은면만 부각한 인도의 경우- 우리나라의 가혹한 판단으로 묻어지는 작은 흠결 앞에 게거품을 만발하는 풍토에서 이광수의 문학은 결국 우리의 문학적인 아픔의 표상이 되었다.

아마 세익스피어가 우리나라에서 글을 썼다해도 작은 모순의 발견에는 비난으로 도배될 것이 명약관화하다. 굳이 이광수를 옹호하자는 의미가 아니라 이 땅에 풍토의 근본적인 문제점은 작은 죄를 짓지 않고 일생을 사는 사람이 과연 있을까?

용서와 화해의 바탕이 없는 절대의 부정은 결국 스스로 자기를 함정에 빠뜨리는 결말이 기다리고 있음은 사회 전체의 맥락에서 본다면 손실이고 불행의 연속편이라는 뜻이다. 좋은면 그리고 업적 위주의 평가가 문학사에 절실한 것도 이런 맥락으로 보는 것이다.

엄마가 준 품이
아늑하고 따스하여
나는

펄펄 날리는 눈발을
그윽하게 바라보았다
그날

금강의 살얼음은

하얀 눈이 하루종일

내리고 있다.

_졸시 <엄마의 품>

  공간이 겨울이고 눈발이 온 세상을 추위와 점령할 때, 엄마의 품은 보호막이 되었고 차가운 겨울의 신산(辛酸)한 역경을 감싸주는 엄마 품, 그 품은 우람하거나 듬직한 것이 아니라 여리고 갸날프지만 따스한 품에서 전달해주는 체온의 안온함이 곧 엄마의 사랑을 상징하는 이미지가 기억의 문을 열고 다가드는 느낌이다.

  10개월 동안 태내(胎內)에서 세상에 알리는 울음과 자라나는 긴 시간의 능선을 타고 비로소 성숙한 지경에 이른다 해도 혹은 죽는 날까지 엄마의 기억은 떨어질 수 없는 절대의 상관을 갖고 살아가는 운명.

  추위를 현실의 엄정함으로 치면 그것을 보호하는 희생의 표상이 대칭을 이루면서 엄마의 사랑은 곧 나의 삶에 중추적 역할로 이해되는 느낌이다. 물론 나만이 아니고 보편적인 생명체에 해당하는 사랑의 희생이 고귀함으로 승화되는 사랑의 정신이 곧 엄마의 표상인 것이다.

에필로그

  늘 삶이 반복되는 일은 우주의 질서일지 모른다. 아니 우리네 삶이 언제나 그렇듯이 평행의 선을 그으면서 살아간다. 이는 새로운 것이 아니라 현재 있는 현실을 나타난다는 점에서 평행은 일상적이지만 이 것이 주기적 혹은 상당한 시간을 소요한 뒤에 반복되면 인간은 새롭다는 호들갑을 부여한다. 어제의 태양이나 오늘의 태양은 변함이 없이 우리앞에 와 있지만- 이는 우주의 질서의 개념일 뿐이지만, 사람들은 의미를 부여하는 신기함을 추가하려 한다는 점이다.

모든 작가나 시인들이 소재로 선택하는 가장 중추적인 소재는 사랑과 어머니, 그리고 고향을 빼고 나면 어떻게 진행할 것인가?

그 대답은 참으로 궁핍하고 궁색한 이유가 될 것 같다. 이런 절대 필요의 반복성에서 평행의 이론은 근거를 갖고 있다. 다만 줄기 혹은 뼈대를 이루는 중심이 사랑이나 고향 또는 어머니일지라도 약간의 가미된 잔가지의 다름에서 개성이 들어 있어야 한다는 것이다. 이 요구 조건이 평행 이론의 근간이 되기 때문이다.

그래서 평행 이론이란 근간을 잊는다면 시와 글이 나오지 않기 때문에 평행 이론이라는 뜻이다.

그리움의 사랑과 이별 의식

회상의 밭을 가꾸는 일

자신 스스로가 좋아하고 즐겁게 하는 일은 신명이 나고 힘도 들지 않는다.

사실 이러한 현상은 일에 대한 호불호 상관은 능력이나 자력으로 귀결되는 이유도 가미될 것이다. 능력은 결과론에서도 운위하는 설득일 수도 있기 때문이다.

같은 일이라도 같은 시간에 감탄을 보낼 수 있을 만큼 커다란 업적을 생산할 뿐만 아니라 그 업적의 성과에 대한 평판도 훌륭할 수 있다면 이는 좋아서라는 피상적인 말이 핵심을 벗어나는 일은 아닐 것이다.

물론 싫은 일은 능률도 저조할 것이기에 당연할 것이다. 글을 쓰는 일도 이러한 이치에 합당한 예를 얼마든지 발견할 수 있을 것이다. 왜 그런가 하면 글이란 정신의 작업이고 고도한 집중력을 필요할 때 생산되는 결과물엔 언제나 한계를 갖게 된다. 그러나 시인은 결코 한계 앞에서 자신의 의식을 포기하지 않을 때 주인의 임무를 수행하는 길을 만들 줄 안다.

혹여 엄혹하고 참담한 인생의 파도에 휩쓸리면서도 시인은 구원의 메시지를 보내는 길을 노래하는 사람이기 때문이다. 상처를 아물기 위해 혹은 다가올 미래의 영지(領地)를 위해 시인의 가락은 위안의 목록이라는 사실이다.

농부는 땅의 척박을 탓하지 않고 오로지 땀과 감사로 운명을 개척하는 사람- 시인의 운명도 그렇게 그렇게 결정되어 있다고 본다. 시집을 상재할 때마다 이런 마음으로 시를 대입하면 필자가 말하고 노래하는 정신의 근원이 농사를 짓는 일과 비유를 하기 때문이다.

성실과 노력이 보이고 운명의 밭을 헤쳐 나가는 슬픔에도 웃음기 많은 밝게 다가오는 쓸쓸함도 예외는 아닌 듯하다.

사실 필자의 글은 어떤 글인가를 자신이 옮겨 본다는 것에 모순이 있을 수 있지만 한번은 짚고 넘는 계기가 되어야 한다고 믿고 있었고 필자 자신에 대한 성찰하기 위함이라는 것을 말해두고 싶다.

현실과 회상 사이

아버지의 추억

가족이란 개념은 사회 단위의 최소이면서 삶의 동력을 저장할 뿐만 아니라 생활의 가치를 구현한다는 점에서 가장 중요한 생활 공간이다. 이른바 삶의 에너지를 충전하는 일뿐만 아니라 생의 의미에 따르는 질서의 개념을 익히는 출발이 되기에 부모의 사랑이 자식에게 전달될 때, 인간 가치의 소중함을 익히고 타인에게 이를 전파하는 배움의 최소 단위랄까.

윤리적인 문제를 배우고 익히는 도덕 앞에 인간의 가치를 터득한다. 아버지로부터는 생의 신념과 굳건한 의지나 사회 규범의 질서를 배우고 인간관계의 중요성이 자식들에게 전달될 때, 가정의 전통을 형성하면서 사회 구성원의 일원으로써 사는 법을 배운다.

이와는 달리 어머니는 사랑과 모성애가 질곡의 험난한 세상을 살아가는데 에너지원을 형성하면서 따스함이 얼마나 강한 힘을 가질 수 있는가를 알게 된다. 왜 그런가 하면 부모의 사랑을 받고 자람으로써 도덕성을 겸비한 인간으로 사는 법을 배우는 것이다.

즉 휴머니즘의 가치를 알게 되는 것이다. 아울러 형제자매는 한 줄기에서 나온 유전자 뿌리에서 저마다 다른 소임을 완수하면서 인간관계를 형성할 뿐만 아니라 질서 속에서 사는 기교를 배우는 역할을 주고받는다. 다시 말해서 가정은 사회생활의 기초라는 데 이의는 없을 것이다.

사실 필자의 시는 아버지의 정신 줄기 강직한 이미지 즉 기둥 의식을 가지고 있다고 본다. 기둥이 튼튼해야 비바람을 막을 수 있고 또 가족들을 보호할 조건이 갖추어지는 이치 또는 집의 모습이 아름다울 수 있는 것과 같이 가장으로서 아버지의 역할은 기둥으로서 임무에 가깝다고 생각을 한다.

설사 아버지가 고관대작이거나 또는 촌노의 삶을 산다 해도 자식을 위해 헌신하고 모두를 바치는 일로 묵묵함에는 모두 공통될 것이다. 이런 역할이 동일함에서 고귀한 이름이 아버지의 연상으로 나타나는 일은 필자도 부인할 수 없다.

아버지는 논으로 향하며
알려주셨다.
가을 오는 소리를

나락을 등에 지고 문간 앞에
내려놓는 시간으로 가을을 알린다.
나락이 노랗게 익어 고개를 숙일 즈음
가을은 저만치서 오는 것을 아셨나 보다
가족의 의식주를 챙기다니

한껏 설움 겨워 이내 아버지 뒤를 보았다.
묵묵부답 무거운 침묵만이 흐른다.

그리곤 너 나처럼 살지 말거라 큰애야

멀거니 서 있었다. 아버지 자리에

_졸시 <가을 소식>

계절을 알리는 데에는 직업에 따라 각 다른 이미지를 갖고 있다. 그러나 농부는 농사를 짓기 위해서 예민한 계절 감각을 발휘한다. 가을걷이 준비하는 아버지의 뒷모습에서 자식은 힘들고 고생하는 아버지를 보는 순간 울컥해지는 것이다.

나락을 털고 겨울을 대비하는 시기이며 가족을 위해 묵묵히 수확하는 시절 시골의 풍경이다.

초목일지라도 애정을 분간하는 점에서 자연의 이치를 터득한다. 자연의 순리를 따를 때, 비로소 소득을 올릴 수 있고 어느 일보다 예민한 촉수를 기웃거리는 일은 농사를 짓는 일이기 때문이다. 아버지가 의식주를 해결하기 위해 지게를 지고 나락을 옮기는 것을 보고 자식이 찡한 마음이 드는 것 아마도 부자지간의 애잔한 정이며 식솔들 때문에 고생하시는 모습이 속이 쓰린 것은 어느 자식이나 마찬가지일 것이다.

식솔들을 위해 노동의 길로 들어서는 일은 농부라면 아니 가장이라면 당연지사가 아닐까?

아버지가 계신 양지쪽 솔숲에

낙엽이 우수수 떨어 뒹근다.

쓸쓸하고 고독이 밀려오면 사색하는 곳

가끔 찾는 아버지 묘소

스스로 정리하지 못한 일들이 밀려올 때면

아버지를 찾는다

식상한 마음이 평온한 마음으로 진정되는 것은

아마도 아버지가 비밀 열쇠를 주신 탓일 것이다.

고맙습니다. 감사합니다. 편안히 잠드소서

　_졸시 <마음의 고향>

　저 세상으로 하직한 아버지의 모습이 식상한 마음이 아버지 묘소에 가면 비빌 열쇠로 환생하여 필자의 마음으로 시리게 파고든다.

　양지쪽 숲속에 편안히 누워계신 환영이 필자의 시심을 자극하는 애절함이 되어 그리움을 부추기는 양상이다. 지금도 같은 생각이다. 아마도 아버지가 환생이 되어 필자를 보살펴주시는 데에는 필시 비빌 열쇠가 되어주시는 것은 부재에 대한 공간의 넓음이고 거기서 다가오는 서글픔이 아버지의 큰 이름으로 시의 깊이를 방문하시는 것은 접신(接神)이 아니면 지금도 이해 불가다.

　이 그리운 정서가 회오리치면서 후회의 마음을 일렁이게 하는 이미지가 시간의 중심이 아닌가 하는 것이다.

2) 어머니

강단지고 끈끈한 정신
어디에 두고 횡설수설에
머문 자리 정리하듯
에오라지 한점도 잊은 듯
속만 태우는 우리 엄니
무엇이 잘못되었나?
무엇이 그리도 만들었나?
무엇이 그리되셨는지
dr(의사) 그 누구 말씀 좀 해주오.
　_졸시 <우리 엄니>

　인간사에 시작과 끝이 있다면 어머니는 시작을 의미할 뿐만 아니라 원형(原型)으로의 고향이 되는 상징과 정신의 의지처가 바로 어머니가 아니겠는가?

　시작이면서도 마지막에 돌아가는 정신의 의지처 아버지의 상징과 더불어 근원으로 이어지는 줄기의 마지막을 장식하는 사랑의 헌신 아가페 사랑- 생명을 이어받아 키우는 어머니에서 지고한 사랑이 탄생된다. 사랑과 희생의 상징이면서 무한대의 정신적인 에너지를 간직했고 여기에 존재의 길이 나타난 현재의 치매로 인한 당신의 생활이 아무것도 모르는 stupid가 되어 하루하루를 지내시는 어머니를 볼 때마다 가슴이 찢어지고 가슴만 아려오는 이 시간에도 자식의 의지가 되어 주시는데 더더욱 안쓰럽고 속상한 것이 자식된 마음이다.

자식으로 도리를 다하지 못한 죄책감에 밤잠을 이루지 못하지만 한편으로 이대로만 계셔달라는 애원은 차마 눈물겹다.

간명한 구조의 글이지만 아가페 사랑에 시적 의도가 집중된다고 볼 수 있겠다. 아울러 에오라지/잊은 듯/우리엄니/마음이 오그라드는 것이 모정의 본능이다. 약한 듯 보이면서도 가장 큰 에너지원으로 끈을 붙잡고 있는 자식의 애원에 방점을- 의사나 누구든지 어머니를 구해달라는 뉘앙스에서는 불효라는 딱지로 비유되는 바이다.

여기에 길게 낱말을 붙인다면 끝도 없이 길게 나갈 수 있겠지만 문맥의 정도로 보아 수많은 시 <홀씨라도> <사랑> <천사> 등 많은 시가 대두가 되지만 호소가 길어지면 "설(說)"자가 들어가기에 필자의 내면을 보기보다는 있는 그대로의 솔직 담백한 면만 그리는 것이 좋을 것 같아 이만 끝낸다.

에필로그

  시는 인간의 의식을 나타내는 심리적인 회화(繪畵)라면 대체로 두 가지의 형태로 나타난다.

  첫째는 좌절과 슬픔의 깊이에서 헤어나오지 못하는 비극 의식과, 둘째는 자기 자신을 객관화하면서 비교적 담담한 형태로 진행된다면 필자의 정서 상태는 얼마의 떨어진 거리를 유지하면서 과거를 바라보는 시선이 아닐까 하는 것이다. 다소 유약할 것 같은 심성 즉 나이브함이 주류를 이루는 정서에는 어둠의 빛깔의 풍경이 전개되는 것은 아닐까?

  아버지의 길은 근엄하고 엄숙하고 이해의 감성이 교차한다면 애달픈 추억을 담았다. 때로는 삶의 큰 그릇이고 고통을 혼자 짊어진 아버지의 그림자가 누구를 위함인가를 알아차린 필자의 마음이 빚으로 남고 후회의 느낌을 주는 것도 사실이다.

  어머니는 삶과 사랑의 원천이면서 오늘을 지탱할 수 있는 근간이면서 모성애는 곧 생의 원임을 터득하는 효심으로 전이되어 여전히 방랑하는 의식이 아닐까?

  필자의 나름대로 자기표현을 하려고 노력했지만 아직 퓨전도 되지 못하는 평인 것 같아 아쉽다. 실은 필자는 짧은 스타카토식 언어와 비유의 적절함을 유장함을 피력하려고 했지만 시의 숲을 꾸미는 데는 아직도 미흡하다.

더욱 정진하여 순수와 투명의 시를 그리기 위해 절차탁마가 필요한 마음과 비우면서 채우는 선함의 표정으로 그려야겠다. 다짐하면서 나가려 한다.

사색의 고독과 깊이의 서정

조화의 미학

아름다움이란 그리고 신선함에 대한 대명사는 과연 어떤 것일까? 누구는 꽃을 말할 것이고, 누구는 자연의 신선한 모습에 찬탄을 발언할 것이며, 혹은 아름다운 여인의 모습을 말할 수도 있지 않을까?

사실 수없이 셀 수 없는 많은 환경의 조건들이 첨가될 것이란 사실이다. 그러나 꽃의 아름다움은 직관의 시선에서 나오는 감성이라면 시는 지적 감수성의 깊이에서 나오는 느낌이기에 생각을 더해야 하고 분석하면서 얻어지는 지성적인 아름다움의 지칭이다.

시는 심리적인 반응이 길고 판단의 정상적인 가치 혹은 순수한 지성에서 나오는 아름다움의 인식은 정서적 감동과 조화의 길이 상관을 맺게 될 것이다. 그러나 시는 지적 인식만을 앞세울 때 자칫 어지러운 함정에 빠져서 도그마의 편견을 갖게 된다면 그건 시가 아니라 딱딱한 돌을 만지는 일이 될 것이다. 그러나 지성과 감성의 조화라는 시 묘미의 깊은 맛을 부추길 수 있게 된다. 왜 그런가 하면 시는 조화의 미학이기 때문이다.

시는 일정한 거리만큼 떨어져서 바라보는 아름다움이다. 너무 가까이 가면 아름다움의 실체가 흐리게 되며 또 멀리 바라보게 되면 분간하기 어려운 사물로 둔갑하기에 균형이 있는 정서를 대동하고 목 좋은 자리에서 감상하는 행복이 조건으로 갖추어야 하기에 그렇다는 것이다.

이를 감상자의 태도라 한다면 생산자인 시인은 고뇌와 아픔 그리고 탄식을 조합하여 아름다움을 생산하는 사람이 시인일 것이다.

김영기 시인의 시를 보다 보니 시의 아름다움이 새삼 앞자리에 자리하는 이유는 신선함과 감각적인 표현미, 그리고 이미지와 이미지가 교합되면서 잡아주는 탄력에서 나오는 함축미는 시의 이름을 빛나게 한다.

<비울 수 있어야 시인인 것을> 이후 4년만에 <거울의 시>를 출간한 시에는 자유시가 누리지 못한 긴장과 의미 깊이 조화를 이룬 언어 결합의 뉘앙스에 박수를 보내주고 싶다.

김영기 시인 시에는 요란함이 없고 고요하고 금도를 지키는 정신의 고양을 대면하는 올곧은 정신이 숨어 있다. 뿐만 아니라 때로는 고독 깊이에서 그리움을 보내는 여린 정서가 보이기도 한다. 아울러 깊은 연륜의 오는 이별의 아쉬움과 돌아보는 생의 소회 등이 어우러져 파노라마의 의식을 보여준다. 그러면서도 자신의 위치에서 시적 태도는 일관성을 유지하면서 관조하는 시선에는 정감이 진하게 흐르고 있음을 본다.

정서의 감각적 서정

사실 시를 따지자면 감각적이고 정서를 풀어내는 감수성이 시인의 재능과 일치하는 점을 가질 때 시의 묘미는 아름다움과 보조를 함께 하는 것이다.

김영기의 시에는 그런 감칠맛이 들어 있으며 의미와 가락의 조화에는 시가 갖는 정서의 증폭이 일조하는 느낌을 배가하게 된다.

지분지분 정을 주는 속살 비가 소근, 소근
살며시 부치는 볼이 간지러워
살짝 고개를 틀며 모를 듯 웃고 있다

숨긴 사연들 배시시 오로시 감추고
내 안으로 차오르는 고요의 살갗

들릴 듯 말 듯 사랑의 밀어가
봄소식이 바쁜 듯
영혼과 함께 춘(春) 소식이
살랑이며 다가서는 듯하다.
_<봄소식> 중

지극히 감각적이고 서정적이면서 의인법 혹은 반복에서 나오는 가락에서는 여유가 있고 맛깔스런 뉘앙스를 전달하는 듯하다.
언어를 비틀거나 언어를 조종하는 것이 아니라 유연하고 부드러운 맛에 배치가 적당하다.
지분지분은 살짝 귀찮게 하는 의성어, 나오는 여운은 가락의 여유가 있고 속살은 내면의 부드러움이면서 가는 빗소리.
소리 나는 빗소리가 아니라 소곤거리는 암시를 포개는 인상, 비가 내리는 날은 무겁고 우울한 기분이 점령되는 바, 비는 귀엽고 '배시시' '웃고 있다'는 시어의 조합이 가벼우면서도 경박하지 않은 정리로 마무리되어 밝음의 상태로 이어지는 듯하다.
이는 전체적인 시의 표정이 밝아 봄의 정서가 살아나는 것 같은 「우수에」「꽃의 향기」 등 서정적 이미지가 드러난 모양새다.

희망의 언어 조합

모든 인간은 절망을 겪으며 또 희망을 보며 살아간다. 그 아픔과 희망을 통해서 사랑을 추구하는 것은 시의 본령이라 하겠다.

왜 그런가 하면 시는 꿈과, 사랑, 그리고 희망의 미래를 말하는 손짓이고 예지의 노래이기 때문이다. 어려움과 고난에 처한 사람은 환한 불빛의 역할을 하는 일면 평화가 올 때는 화려한 장식으로서의 소임이 시가 갖는 본령이고 시의 역할에 주된 임무이기 때문이다.

시의 특성을 Amdiguity에서 찾는 것도 시가 천의 얼굴, 만의 얼굴을 소유한 보살의 역할처럼 다양한 표정을 내장했을 때, 비로소 시의 기능은 문법 언어를 완수하기 때문이다.

떠날 수 없어 주저앉아 쉬임도 없는 곳
눈빛 시린 볼모의 공간 속에서도

봉긋이 예비한 가슴 신들의 꿈은 있거니
지상에 흩어진 오탁의 그림자도
한 올 벗겨보면 샘물이 있을 것

접신(接神)의 영혼들을 닮은 이사야 마음으로
아름다운 꽃으로 피어나 깨끗함을 전한다네

봄을 잉태하는 몸부림을 이 어찌 감동하지 않으리오

봄을 맞이하면서

_ <봄을 기다리는 마음> 중

질서정연한 과정으로 보면 사이인 것은 분명하다.

즉 1연에서는 시련, 아픔을 따르는 볼모의 공간이며 2연은 꿈을 연상하고 3연은 물이 올라오는 희망을 말하며 4연은 개화를 완성하는 완성 개화의 단계이다. 아름다운 꽃으로 피어남은 삶의 원리를 말한다 해도 인생의 진수가 담겨 있는 듯하다.

이는 생활의 통찰력과 명상에서 얻어지는 정서의 내공이라야 하겠다. 오랫동안 경험을 바탕으로 체험을 하나씩 건져 올리는 언어 운용의 기법이다.

왜 그런가 하면 시는 시인의 정신을 나타내고 민감한 온도계와 같기 때문이다. 이는 삶을 시적으로 표정으로 표현하는 표정이기에 그가 어떤 삶을 잉태하는지 알 수가 있다.

참으로 기억에 남는 시를 보는 것 같아 매우 흡족하다.

황혼의 고독

시적 표현이 겉으로는 확연하게 드러나지는 않지만 고독과 이별이 교차하는 다소 쓸쓸한 형국이다. 아무래도 익어가는 추세에서 오는 감수성이 차분하면서도 쓸쓸함이 보이는 것은 자꾸만 먹어가는 나이가 오버랩으로 형상되는 것은 아닌지.

시인과 시가 정서의 일체화를 이루기 위해 사물을 앞세워 비유라는 도구로 사용하면서 자기 자신으로 돌아가려 하는 상징성이랄까 그러나 적절성의 비유에서는 음식의 맛깔스러움을 더하는 역할이라 보기에 곰삭은 지혜가 들었지 않았나 나름대로 유추가 된다.

　고독은 현실에 대한 반응이 꾸미지는 않았지만 아름다움과 같은 이치라 보겠다.

　핏빛에 물든 잎에 입술을 가만히 대어 본다.
　잎맥을 타고 어질 비질로 익어가는 소리가
　세월 등어깨에 누워 붉은 노을만 담아가며

　꿈같은 지난날을 누운 세월 붙잡으며
　뜬눈으로 자정을 지키나 출구 막힌 회한만
　어깨에 걸리면서 함부로 만질 수 없기에

　등어깨에 실린 하루해만 건지려다
　세월 놓치고 시간에 놓쳐
　해 저녁에 노을만 쳐다보다 노을에 지치고 만다.
　어느새
　-<황혼 가는 길>

사물의 모습을 소리로 듣는 이의 시인은 귀밝음이 어떨지 궁금하다. 그러나 보아야 할 것들이 소리로 다가오는 일은 체험의 깊이에서 알아차린 쓸쓸함이 아닐까?
　잎새를 타고 어질 비질로 익어간다는 소리가 귀에서 들리는 듯한 이명의 낯설음은 아닐지? 아울러 시야에 들어온 꿈같은 지난날을 흐린 사물의 윤곽에서 소리로 직결되는 환청으로 들어올 수 있을 때, 마치 출구가 막힌 회안만 더불어 어깨에 걸리면서 만질 수 없다고 하는 상상의 깊이에서 하루해를 건지려다 어질게 시간만 놓치고 어느새 라는 늙음의 소리 지친 하루를 찾는 도정에는 쓸쓸함과 고독이 다가올 수밖에 없을 것이다.
　왜 그런가 하면 이 모두가 종점 의식을 암시하는 상징이기 때문일 것이다. 슬픔의 고독에 지치고 마는 시간이 자신을 상징할 때 세월의 무상함을 느끼는 것이 당연지사이다.

고독의 소리

　회자정리(會者定離)의 이치는 인간만이 갖는 정서가 아니다. 우주 삼라만상의 섭리는 생로병사의 윤회를 굴리면서 만나면 떠나는 것이고 떠나면 다시 돌아온다는 굴레바퀴 속에서 내 존재라는 이름을 키우게 되는 것이다.
　석가모니의 고뇌는 곧 이런 이치를 가장 순수하게 설명하기 위해서는 다소 어폐가 있지만 다른 방편으로 본다면 정확한 이름표는 없을 것이다. 만남에는 즐거움이 따르고 반면 이별에는 슬픔의 강물이 수런거리는 일은 천 년의 인간에 역사가 축적한 슬픔의 기록일 것이다.

　이별 앞에서는 누구나 답안을 찾을 수 없어 두런거리고 슬픔의 깊이에 빠지게 되는 것이다. 그렇기에 이별을 건너지 못하는 미련의 줄기가 뒤따르면서 가락으로 이어지는 것이다.

　계절의 무게만큼 무너지는 겨울의 동거
　비범한 고독을 외기러기가 울고 간다.
　은하 지는 새벽을 눈물로 건넜을까?
　무심결에 놓인 쪽 거울 보고 있노라니
　등은 휘어지고 골 깊은 주름살은 자화인데
　문턱 높은 세상살이 바람만 굽이치는데
　허리를 펼까? 성형할까나? 망설이고
　망설이다가 에이 병 하나 달고 살다 가자꾸나?
　이치대로
　_<개꿈의 세월>

　시는 (Reality) 장면을 사실 그대로 근거하여 상상, 혹은 창작과 상상력에 옷을 입힐 때, 더 넓은 상상의 반경을 소유할 수 있다면 시인의 늙어가는 퀘어를 자신이 시적 언어로 '고독'과 계절의 '무게만큼 무너지는 겨울의 동거'라는 언어를 지적인 제어로 매우 무상함을 느낀다.

허무와 병치레하는 면면과 거울을 보면서 자신에 모습을 반추하면서 어찌할 수 없는 각인의 이름에 망설이고 망설이다 에이 병이나 하나 달고 살고자 하는 일면에서 허무와 동행하는 일들이 흔적으로 보인다. 개꿈의 세월이면 차라리 인정하겠다는 형식에 아픈 기억이 살아나는 것이 아닐까? 하면서도 누구나 세월이 지나면 나 자신도 늙어간다는 이치 앞에 속수무책이라는 명제에 필자도 반추하는 시간이 되었다.

누구도 피할 수 없는 사실이기에 현실을 비교하는 그런 세월이 아니라 오늘을 충실히 살아가는 지혜가 있어야 한다고 보는 것이다.

고독으로 보는 풍경화

시는 언어가 아니라 시인의 가슴을 열어 보이는 풍경화라고들 하지만 이의는 있을 것이다. 시에는 서정시의 숲을 이루면서 시원하고 삽상한 미소로 건네준다. 이는 표현의 깊이를 간직한 셈이고 여기서 시의 숙성은 곧 체험과의 조화를 느끼게 한다.

아울러 대상을 바라보는 날카로움의 시선을 사랑으로 감싸는 동화에서 형식의 절제와 언어 탄력을 수용하는 미감과 내용의 무한성에는 여유로운 감상의 길이 보인다. 고독과 허무의식 그리고 그리움의 표정을 나타내는 기법이 시적 기교의 깊음을 방문하는 소감처럼 객관적인 표현일 때 더욱 친근함을 전달하고 있는 형식에 기쁨을 느낀다.

Allan Tare가 말한 "문학은 인간 경험의 완전한 지식이다." 에 미감을 더한 소득이 따라오는 감동의 시인이 아닌가 느끼면서 밝은 미래가 보일 것이라는 데 즐거움과 만족을 하면서 나가려 한다.

시는 소재의 투명성과 표정의 소재를 찾아 의식의 토로를 거쳐 나오는 정서의 질서 현상이다.

제3장

정신과 마음

시의 정신과 마음의 축도(縮圖)

에고의 깊이

시는 개성이고 마음의 축도라는 점에서 시 한 편은 자신으로 돌아가는 표정일 것이다. 누구나 시인이라면 마음의 에고가 깊어야 하며 열린 마음의 상태로 시에게 구애하지만 언제나 성공하는 것이 아니다.

의식의 초점에 에고의 깊고 신명이 날 때 순간에 나타나는 것이기에 끈기와 ego 의식의 길을 갈 때만이 가능한 일일 것이다. 그렇기에 마음과 에고의 정신이 깊어야 한다는 뜻이다.

시가 인간의 표정을 그리는 얼굴이라 한다면 삶에 희노애락의 표정이 스크린으로 담아지는 것이다. 여기엔 삶의 진솔성이 있어야 하며 시인의 삶이 곧 시와 동등한 높이를 유지하면서 미적 감동을 생산하는 근거는 시인의 생이 뒷받침되어야 한다.

T.S. Eliot이 『고전론』에서 고전의 조건을 첫째 정신의 원숙, 둘째 행동의 원숙, 셋째 언어의 원숙을 주장했을 때 행동의 원숙과 정신의 원숙이 남다른 경우, 작품의 영원한 생명을 획득할 수 있다는 점에서 시인의 삶에 대한 평가는 매우 시사적인 암시를 주는 것이다. 거짓으로는 결코 멋진 시 좋은 시를 창조할 수 없다는 말이다.

시인은 언제나 자기에게 충실할 때 비로소 시의 가치를 건져올리는 길을 확보할 수 있다는 점은 확실한 듯하다.

꽃이 지고, 잎이 지면
이별했던 여인처럼 어서 오라고
푸른 손짓으로 포옹하며 오는 봄의 전령
달콤함으로 오는 봄의 전령사

....

_<봄의 전령사> 중

봄이라는 전령사는 푸르른 마음이 담긴 시인의 의도가 보이는 것 같다. 김성숙의 시에 들어가면 모든 심성과 정신이 순수하고 투명한 햇살을 연상시키면서 끌려가는 듯하다.

봄의 전령사는 아무 불평불만이 없으며 타인에게도 간섭없이 저마다의 소임에 충실한 오월의 푸른 정경이 밝아지고 친근함이 넘치는 정경이 아름답다.

"서로 사랑하고 포옹하는 봄의 전령사" 밝은 눈으로 바라보면 모든 사물이 "달콤함으로 다가오는 봄의 전령사"가 풍성하고 아름다움을 전달하는 충분한 풍경화처럼 느낀다.

의식의 정경들
풍경과 봄비

풍광이 보여주는 자연은 봄이 왔다는 의식을 전해주며 비로 환치시키는 기법이 예사롭게 보이지 않는다. 아울러 긴 호흡의 특징은 약간은 산문적이면서도 산문이 아닌 묘한 맛을 느끼게 한다. 그러나 전체적으로 관통하는 시적 풍경은 안온하고 따스하면서도 친근함이 가득하고 편안하다는 인상이다.

시가 편안하면 독자의 마음을 가라앉힐 수 있는 어머니의 음성 같은 느낌을 주어야 하기 때문이다. 시인의 가슴에서 진정성으로 나오는 시의 깊이가 있고 정겹다면 이는 시의 가치에 충분한 소임을 다할 수 있다는 점이다.

이제 김성숙의 핵심으로 전달되는 시를 확인하기로 하자

봄비가 오면 푸른 잎 돋고

푸르른 꽃잎 돋아 꽃들은 만발이고

오롯이 길 위에 날리는 꽃잎들은

봄비 맞으며 돋던 푸른 잎은 아니며

꽃대가 목이 말라 숲은 붉게 타고

숲은 붉게 타서 철새 날아가는데

기러기 날아간 하늘에는 숲이 우거져도

붉게 목말라하던 숲은 아닌 듯

_<봄비 오는 날> 중

시에 역설(Paradox)의 기법을 동원하면 강조의 의미를 부가한다. 내가 가진 의도와 반대로 말하면 전혀 다른 의미인 부정에 대한 긍정의 강조로 살아난다. "돋고" "만발하는" 꽃에서 "꽃잎들은" 앞의 문장 조건에 마지막 "푸른 잎은" 아니다, 라는 말에 힘을 주게 된다. 비가 오면 푸른색으로 변모하는 기쁨을 느끼는 꽃들이 붉게 타 떨어지는 이별의 아쉬움.

식물이 성장하는 비의 고마움과는 달리, 꽃잎으로 떨어지는 아쉬움을 말하는 시인의 생각은 꽃이 지는 슬픔에 대한 아쉬움을 갖는 마음에 서러움과 아픔이 깃든다.

그러나 만남의 환희가 있는가 하면 이별에서는 슬픔과 괴로움이 따르기 마련이다. 꽃과 꽃잎이 양립할 수 없다는 진리 앞에 인간은 슬픈 전별(餞別)을 보낼 뿐.

　김성숙의 아름다움의 추구는 그렇게 여리면서도 순수함이 투명성을 남기는 듯 하다.

　비 오는 아침
　창문 열어 바람맞으니
　붓다가 머물고 간 꿈길처럼 보이네
　.................
　바람에 흩어지지 않고
　가슴을 적시는 저 비와 같다. 하리오.
　_<비 오는 날 아침> 중

　붓다는 만물을 포용하는 것처럼 마치 비가 세상을 적시는 자우(滋雨)라는 의미와 등가를 이룩하는 데서 일치하는 것이다. 갈증에 세상을 적시는 비는 곧 붓다의 말이고 전령의 임무를 수행하는 의미를 공유할 때 사랑으로 포괄된 자비의 말처럼 은혜로워지는 것이다.

　왜 그런가 하면 비가 붓다의 말처럼 목마름을 해소하는 이미지로 다가올 때, 구원의 메시지를 전달하며 생의 윤기를 더하면서 세상의 밝음을 더욱 고귀하게 연상하는 향기가 나게 되는 것이다.

　그렇기에 비가 다가오는 이미지가 사랑으로 세상을 감싸는 역할에서 부족함이 없다는 결말이 그렇다. <비 오는 날 아침>과 붓다가

머물고 간 꿈길처럼 "보이네"에서 "아침"과 "보이네"의 상황 전개는 시인의 마음에 그려진 소망이자 부처에 대한 존경의 우회적 표현이기 때문이다.

꿈과 자연, 희망의 조화

시의 맛

 시인은 마음의 거울로 출발하기 때문에 시인의 마음으로 보여주는 거울 역할을 할 때, 삼라만상의 아름다움과 혹은 아픔, 슬픔, 그리움, 사랑 등의 목록들이 독자들에게 심금을 울려주고 자극을 주는 것이기에 가슴을 적시는 파문의 물살이 되기도 하며 더러는 가을하늘과 같이 투명하고 환한 풍경이 되어 다가올 때 시적 감수성은 자극의 깊이를 넘어 화려하고 미감(美感)으로 독자의 오감을 움직이는 것이다.
 단순히 언어의 조합이 아니라 시인 본인 당사자가 시의 중심이 되는 화학적 변화를 나타내는 시인으로 변모하게 된다.

사물과 사물의 이미지가 결합되어 신선한 색다른 변모로 변할 때 시의 맛깔나고 환상적인 여행을 떠나게 되기 때문이다.

당연히 시인마다 개성의 표정은 저마다 다르다. 부드럽고 개성의 시적 묘미가 있는가 하면 다소 딱딱하고도 견고한 표정 등 다양한 표정으로 다가온다.

어느 쪽이든 시의 개성과 발성은 희망과 꿈 그리고 아가페적인 사랑의 체온이 담아질 때 비로소 시의 상승의 가치는 효과가 나타나는 것이다.

문법의 시작

시인마다 시를 대면하는 방법은 다르다. 직핍(直逼)의 방법으로 이미지를 구사하는 작가가 있다 한다면, 비유의 패각(貝殼)으로 완전히 다르게 시적 의미를 발굴하는 시인도 있는 것이다.

어떠한 방법이든 자신의 개성에 따라 작시(作詩)의 방법은 달라지며 이에 대응하여 시의 성격도 다르게 나타나는 것이다.

시가 감각이라면 이는 시인의 표현에 절대적으로 작용하는 필수 요소이다.

순수 신선한 맛

시는 논리적으로 풀어내는 것은 아니지만 의미의 확충을 꾀하고 응축시켜서 감동을 유발, 논리적 정치성- 구조의 통일성을 갖추어야 하기에 감동의 요인은 사실에 근접하여야 하며 과학적인 근거를 의미에 내포해야만 하는 것이다.

 그렇다면 상징의 효과, 혹은 비유의 적절성, 적재적소에 배치가 될 때, 비로소 잘 지어진 한 채의 성이 완성되는 것이기에 상징은 감춤도 아니요 드러냄의 성질도 아니요 반 투명성(translucency)에서 결국에는 애매성(ambiguity)의 의상을 갖추는 조직이라 이 특성에는 시는 마침내 질서의 예술이 된다.

 다시 말해 봄을 말하기 위해서 결코 봄의 재료를 직접 사용하지 않고 오히려 봄의 이미지만을 고집하는 이유가 앞서야 하기 때문이다. 아울러 봄은 꽃, 자연, 비, 등으로 출발하게 된다.

희망의 마음

 절망은 희망의 길을 안내하는 역할을 한다면, 희망은 절망의 토대 위에서 길을 만들게 되듯이 희망의 순서를 대기해야 한다는 점에서 희망은 인내하며 인내하고 또 사랑을 위한 방법을 내포할 때, 비로소 시의 가치는 고귀한 이름을 득할 수 있다.

 시를 읽고 본다는 개념은 희망을 읽는 일이며 사랑을 읽는 일이라면 더불어 따라오는 꿈과 희망, 소망의 그림자는 행복을 주는 것이다.

 이러한 이유로 시의 소용(所用)이 있기에 활력과 의미를 찾을 수 있으며 시는 의식의 높은 자리에서 기다리고 있다는 사실을 시인이라면 알아야 할 것이다.

눈앞이 아찔한 순간에도
잠시 정신 차리자고 속삭인다.
여전히 하늘 떠 있는 강물 위를 볼 때
늘 희망은 그 자리에 있다.
················
_졸시 <희망> 중

 희망을 그림으로 그린다는 일상은 아픔과 시련, 고난이 있을 때 가능한 역설적인 생각이나 즐거움이나 행복 속에서는 희망의 이름이 부재할 수 있기에 그렇다는 것이다.
 이 역설의 장르는 늘 대기 상태에서 밖으로 나오기를 엿보지만 인간이란 희망의 가까움을 신념으로 키우지 않으면서 탄식만 길어지는 경우가 절망에 압도당하거나 포기하거나 할 경우가 많다는 것이다.
 "정신을 차리자고"의 다짐이 있기에 희망의 싹은 자라기 때문이다. 그러나 그 희망의 기회를 다짐하는 경우보다 탄식이 길어지면 하늘의 문은 열리지 않을 경우가 더 많고 묘연해지는 일이지만 신념은 이런 처지(포기 등)도 앞을 주시하는 일면 "늘 희망은 앞으로도 그 자리에 있다"라는 말에 바로 인지하고 있는 것이다.

희망 꺼내기

솔바람이 한 줌 새벽
까칠한 삼베옷이 맞는 여름
상큼한 솔바람 영혼이
콧바람 불며 마중하네.
....
_졸시 <여름> 중

솔바람은 상큼한 기운을 가져오는 사물 이미지이다. 이 바람이 아침을 휘돌아 나가면 마음 까지 시원해지는 삽상(颯爽)은 가히 최상의 기분을 장악하게 된다.

마치 "깔깔한 삼베옷"의 서늘한 감촉과 '솔바람'의 만남은 시원한 정서에서 가장 합당하지 않을까 하는 이미지로 부각된다. 이는 한여름 더위와 상반되는 신선하고 상쾌한 기분으로 다가드는 것이다.

'까칠한 삼베옷'은 '영혼'을 말해주듯 하며 '콧바람 불며' 신선한 솔바람이 불어와 영혼을 깨우고 마중한다는 기분은 매우 인상적으로 의식을 자극한다.

햇살 좋은 날
찬란한 만추에다

축 처진 마음 꺼내 갈 하늘에 쏘이며
고개 숙인 겸손의 계절이 날 부른다.
....

_졸시 <가을날> 중

에필로그 -꿈의 자연

　시는 마음을 그리는 풍경화라는 데 이견은 없을 것이다. 무슨 그림을 그리는가는 시인 개개인의 상상이 빚어내는 소재라 한다면 이를 어떠한 기교로 표현할 것인가는 시인 자신의 재능에 귀속되는 것이다.
　문학적인 상상은 현실의 상상과는 다른 차원의 깊이가 있기에 자신의 삶을 축약시킨 것들일 수도 있으며 나름대로 깊이가 있고 오랜 습작의 소산으로 돌릴 수 있는 이유도 가능할 것이다.
　물론 소재와 기능이 우수하고 개개인의 체험이 상상과 결합한다면, 그가 빚는 시는 탁월한 평가를 받을 수 있는 것이라 그렇다는 것이다.　언제나 시인 개인의 상상은 많은 재치와 사물의 수용에 감각적인 특징이어야 한다는 뜻이다.
　특히 봄에 느끼는 생동성에서는 의욕이 분출하는 모습을 읽을 수 있고 여름에는 편안한 표정으로 사물 대면하기가 이채로워야 한다
　물과 바다를 재료로 떠나는 여행이 조급하지 않아야 하며 한가로움을 주는 인상이라면, 가을의 깊이는 심사(心思)한 사색의 길이 열리고 색깔의 자유가 편안해야 한다.

그리고 겨울은 백색으로 포장된 이미지와 성주- 즉 꿈을 꾸는 성 안의 모습을 평화와 아늑함을 주면서도 따스함이 따라오는 그런 투명의 시를 그려야 된다는 논점이다. 그러나 꼭 이렇게 그리라는 주체는 없는 것이다. 개인의 차이에 따라 꿈과 자연의 조화를 어떻게 구성하느냐의 따라 달라지기에 언제나 꿈과 자연을 벗 삼아 상상이라는 언어를 탐구하고 자기만의 표정을 문자로 그리는 그림일 것이기에 이것만이 정답이라는 논조는 없다. 자신의 거울을 만들어 투영하고 사회적 풍경을 있는 그대로를 보여주는 창조주일 것이다.

결국에는 꿈과 자유, 풍경화를 자기만의 개성의 이름으로 나타날 때만이 비로소 자기만의 성을 구축할 수 있고, 여기에 완전한 성주의 임무를 수행하면 되는 것이라고 주장하면서, 꿈과 자연 희망의 메시지를 보내려는 노력의 모습들이라면 가능하다는 것이라고 논지를 말하며 에필로그 한다.

표정의 소재와 아가페 사랑

소재의 투명성

시는 소재의 투명성과 표정의 소재를 찾아 의식의 토로를 거쳐 나오는 정서의 질서 현상이라 한다. 왜 그런가 하면 누구나 체험이 바탕을 이루면서 상상력의 조력을 받을 때 일정한 질서의 규범을 지켜가면서 시인 개개인의 정신세계를 구축하기 때문이다.

인간은 누구나 자기만의 세계를 만들기 위해 삶의 방식을 추구하면서 의미의 조직화에 혼신의 힘을 발휘한다. 거기에 더러는 성공한 사람도 있을 것이며 도로(徒勞)에 그치는 시인도 있다.

그러나 명망을 얻거나 그 반대인가는 그리 중요한 일은 아니다. 다만 새로움을 찾아 자기만의 성을 구축하려는 일상의 노력이 가상한 것이지 유명의 대열과는 별다른 의미가 없다.

유명은 부풀어오른 거품현상이지 자신의 참된 의미와는 무의미할 경우가 대부분이기 때문이다.

시를 그리고 글을 쓰는 일도 그렇다. 삶과 생이라는 고해의 바다에서 오로지 자기 정화 혹은 수양의 도구일 때, 시의 가치 글의 가치는 참된 자기와의 만남 혹은 그런 표정을 연출할 수 있을 것이라는 의미이다.

시를 쓰고 글을 쓰는 일은 진실, 혹은 순수와 대화를 나누는 일이 한정된다.

자신 삶과 오뇌(懊惱)와 고통 신산한 생의 이름들이 모여 순화의 과정을 거칠 때 비로소 시와 글은 아름다움을 손짓하는 가락으로 이름을 갖는 역설의 이름이기 때문이다.

시는 헌신과 사랑 그리고 삶에 대한 성찰 혹은 자기를 돌아보는 닦음의 소재가 의식의 통로를 통해서 가락을 형성한다. 물론 저변에는 부모나 고향, 자연, 삼라만상의 정서가 시의 원형을 이루는 표정이기에 늘 순수함을 잃지 않는 정신 정서가 있어야겠다.

함께하는 의식과 아가페 헌신

낮은 곳에 흐르는 물은 속성이 겸손에 있다.

거스름이 없고 순리에 따르는 것은 그만큼 달관의 높은 경지를 확보했다는 의미도 되지만 인생에 커다란 교훈으로 남을 것이다.

지배보다는 헌신이고 교만보다는 겸손을 앞세울 때 아가페 사랑의 마음이 깃들게 되고 사랑의 넓이는 따스함을 가져올 수 있기 때문이다.

Van Gogh가 파리 시대에 그린 「Les Souliers」라는 작품을 본 적이 있다. 한 켤레의 농부 구두에서 서럽게 살아온 농부의 슬픈 삶에 고달픔과 생의 아픔이 낡았고 지친 표현의 구두에는 충분한 소명이 담겨 있는 것을 느낀다. 그뿐만 아니라 Gogh가 그린 「La Chaise De Vincent」 또한 딱딱하고 비뚤어진 의자 모습에서 삶의 고단함을 유추하는 일은 쉬운 일일 것이다.

이러한 일들은 작품과 작가의 모든 생을 압축하는 일이기 때문에 결국 체험과 상상력은 작품과 밀접한 상관 하에서 출발한다.

변함없이 발을 감싸는 신발
지치고 고달프고 고통을 당해도
마음 넓게 감싸는 신발

제 몸 모두 닳고 닳아도
내색하지 않고 발을 보호하는 신발

남 보기 부끄러워도 묵묵히 나의 분신

닳고 닳은 모양새
언제나 나를 지켜주는 신발
분신이고 내 짝인 너 고맙다. 신발
　_<분신> 중에서

　시인이 시집을 상재할 때마다 의도적이든 의도하지 않든 작품의 순서를 배열해야 독자에게 강한 모습과 첫인상을 독자에게 어필하려는 발상에서 맨 앞 페이지에 있는 작품을 눈여겨볼 필요가 있다고 보는 것이다.
　인간을 감싸고 인간을 보호하는 의상은 다양하다. 그러나 의상과 어울리는 신발이 깔끔하면 그 사람의 인상은 멋진 사람으로 인식하고 지저분하게 의상을 입으면 흐린 인상을 각인 시켜주는 일은 우리 인상에서 좌우되는 것은 당연하다. 앞에서 고흐가 그린 농부의 신발에서 삶의 고단함과 서글픈 농부의 등식처럼, 시인과 구두는 비교가치로 연결되어 가치가 높다 보겠다.
　신발은 인간에게 없어서는 안 될 도구이기에 어떤 경우에든지 주인을 위해 아픔을 참고 "끈기 있고/ 마음 넓게 나를 감싸는 신발"이라는 임무에 헌신해야 한다. "지치고 고달프고/ 고통을 당해도/ 마음 넓게 감싸는 신발/ 남 보기 부끄러워도 묵묵히 나의 분신" 임무에 성실을 다할 때 우리의 앞날이 밝아지는 희망의 푸른 이름에 빛이 난다.

 헌신, 봉사는 때로 고독하고 외로울 수가 있다. 왜 그런가 하면 이 타행(利他行)은 자기를 희생하는 바탕 위에서만이 비로소 성립되는 Eros 적인 희생이기 때문이다.

 햇빛은 늘 변함없이 환한 웃음 선물하고
 우리네는 마냥 선물만 받는다.
 세상 인연 맺은 날부터 지금까지도
 무한 사랑에 에너지를 주었건만
 우리네 당연하다고 생각하기만 하고

 빛은 우리네에게 행복하게 살라고
 알려주지만 그 의미 모르고
 우리네는 깨닫지 못하고 사네
 _<감사하는 마음> 중

 사랑은 대상과 대상의 교감이 성립될 때 비로소 빛을 발하는 이치처럼 헌신과 봉사에도 그런 교감은 필요할 것이다. 왜 그런가 하면 일방적일 경우 짝사랑에 불과하기 때문이다. 이런 점에서 신에게 드리는 기도조차도 응답을 기다리는 신도의 자세처럼 봉사에도 일정한 대가는 보여야 할 것이다.

시인은 햇빛의 일방적인 사랑에 '우리네' 감사함이 없이 마냥 받고 돌아서는 일에 서운함이 있을 것이다. 몰이해(沒理解)는 실망과 고단함이 따라오지만 조건없는 사랑을 바칠 때, 아가페적인 무한의 사랑은 고귀한 것이다. 일방적으로 받아서가 아니라 주었을 때, 비로소 빛나는 가치로 돌아서는 이유를 우리는 무시할 수 없을 것이다.

시인이란 사물을 바라보면서 사랑을 찾아 나서고 그것을 어떻게 아름답게 표현할 수 있는 것인가 또는 생을 다해 어떻게 작품을 완성하는가의 신명을 다 바치는 사람들이기에.

아가페

시는 체험의 요소와 상상력 그리고 의미와 신념이 1편의 시를 만나는 일이기 때문에 종국은 생각의 방향과 의지가 시화되는 것은 당연한 이치라면 사랑의 감수성이 많은 이유는 시인의 정서 모두가 그런 방향으로 설정되었음을 의미하기에. 시인은 시인의 내적 고백이고, 이 고백은 진실의 함량이 우선하기 때문에 독자의 심금을 울릴 수 있다는 뜻이다.

언제부터인지 내게 그대라는 은행이
하나 생겼어요.
장기로 복리 우대로 사랑 계좌를 만들었어요.
당신이 내게 사랑이라는 원금을 보낼 때마다
모두 그대를 위해 입금했어요.
고스란히 찾아서 그대가 가지세요.
사랑의 통장을
_<사랑 통장> 중에서

너무나 신선하고 상상 비유의 사랑법인 듯하다. 많은 시평을 해보았지만 사랑을 은행에 저장하여 복리로 부풀려서 주겠다는 비유는 가히 약성의 비유인 듯하여 독자에게 어필할 수 있는 시인 듯하다.

시는 비유일 뿐만 아니라 상징의 도구를 통해 언어의 신선함을 위해서는 심지어 언어를 버리면서 언어를 획득하려는 역설의 기교를 높게 평가를 하고 싶다.

 은행의 이름은 그대이고 시인은 사랑의 계좌에 수시로 입, 출금이 들락거리면서가 아니라 복리를 위해 장기간 계좌를 준다는 점에서 사랑의 가치가 한층 고조되어 너무나 멋진 시가 아닌가 한다. 여기서 사랑은 계산이 아니고 오로지 저금하는 일이라는 의미에서 뒷날 받을 자산가치는 행복이 넘치는 화려한 것이다.

 이는 곧 행복이라는 궁극의 지점에 도달됨을 뜻하는 것이다.

에필로그 하면서

 사랑은 헌신에서 나오는 것이며 헌신은 더 큰 사랑의 길을 여는 아가페 사랑이라면 시는 순수한 투명이 남다르게 시의 표정을 밝게 한다.

 이는 그의 삶의 질료(質料)가 되기도 하며 평생을 지속하는 삶의 에너지로 작동되는 것이 아닌가 한다.

 소재와 사랑이라는 아름다움에서 관조의 경지에 오른 듯한 때라야 하늘이 보이고 천지가 보이는 것이다.

 소재와 사랑은 그렇게 높은 가치가 있는 것이며 행복을 주는 것이라 이를 지키기 위해서 끝없는 자기 수양과 정화의 노력은 배가 되는 것은 당연지사라.

 시인은 이러한 이치를 수행하는 행동의 모범이 날마다 자기 수양을 이어가는 것일 것이다.

생을 살아가는 데에는 정답은 없다.

자기의 성을 공고히 하기 위해서 절제와 균형을 갖추는 삶의 모습이 투명해야 한다는 조건 앞에 시인은 당당해야 하는 것이다.

사회질서의 부당함과 불합리에는 몸살을 앓고, 공정, 정의와 옳은 것을 위해 신명을 바치는 자세가 필요하다.

시의 정신을 이룩하고 삶의 지표로 삼는 것은 책무라 보며 진정한 시인이라 할 것이라 강하게 주장하면서 에필로그 한다.

계절의 정서와 이미지 감각

갈증의 계절

갈증은 곧 새로운 변화를 모색하는 계기를 가져오기에 여유롭고 넉넉한 변화를 모색하는 과정에서는 기능이 퇴화하고 늘어지는 편이다. 왜 그런가 하면 부족한 면을 메우기 위한 행동을 예비하고 다음 단계로 넘어가는 수순을 거치면서 자연과 세상은 변화를 맛보게 된다.

가을의 찬란함과 고독 사색이 없다면 가을이라 할 수 없으며 겨울의 추위가 없다면 봄의 꽃은 없을 것이고 불편하고 어려워도 첨단 즉 과학으로 해결하려는 편리가 인간을 안락하게 하는 이유가 일맥상통하는 이유가 같을 것이기에.

부족은 만족의 모태가 된다. 이 명제는 진리가 함축된다. 왜냐하면 부족이 만족을 낳고 갈증에서 평안을 누릴 수 있다면 부복이나 갈증은 고통이 아니라 오히려 만족을 위한 길을 행동으로 보일 수 있는 기회를 제공하기 때문이다.

   온 세상이 어두운 구름을 뚫고
   한 줌 햇살 살짝 비추고
   슬쩍 입맞춤

   구름 걷히고
   바람도 숨을 고르며
   다소곳 손 부여잡고 춤출 수 있으련만

   주는 사랑으로
   빛을 찾아 손 내미는 자연과 같이
   주는 사랑 베푸는 사랑
   _<주는 사랑> 중

구름에서 빛이 나오고 고통에서 행복이 오듯, 햇살은 최종의 기다림이고 구름은 이를 훼방하는 이미지로 다가들 때, 어둠에서 빛이 나오는 행복을 기쁨으로 맞이하게 된다. "주는 사랑"을 달성하기 위해서라면 구하고 찾는 방황이 있어야만 사랑의 환한 빛을 만날 수 있기 때문이다.

　이러한 비유는 모든 물상 삼라만상에서도 통용된다.

　그렇기에 인과적(因果的)인 현상이 증명으로 통하고 증명은 다시 되풀이 되면서 삶의 원형을 이루게 되는 것이다.

　시인이 이러한 정서에 특히 달관된 정서를 유지하는 생의 길을 걷고 있는 것 같아 "자연과 같이" 자유의 생을 이룩하기 위해 열성으로 살아가는 모습이다.

"주는 사랑" "빛을 찾아" "손 내미는 자연" 등이 어둠에서 빛을 찾아 나서는 이미지가 기승전 시들을 원하고 그렇게 그리고 싶어지는 것이다.

　가을을 추운 겨울을 맞이하고 겨울은 또한 봄을 맞이하는 계절이기에 겨울의 길고 긴 어둠의 터널을 뚫고 나오는 계절이다.

　겨울은 어둠이고 방위로는 북쪽, 높새바람이 세찬 기운을 몰고 올지라도 마침내 봄기운에 꺾이는 의미를 낳는다.

　봄이 심술을 부리다 떠난
　겨울의 빈집에 각시방을 차리고
　화사하게 춤추는 무희들을 초청했나 보다

　앙상한 가지에 화려하게 단장을 시킨
　파릇파릇 청순한 봄 처녀들의 무희는

온 마음을 설레게 하고

길모퉁이에도 바짝 마른 야산에도
펼쳐놓은 잔치에 무수한 인파들이
몰려들지 모르지만

간사하게 웃고 있는 꽃들
목 길게 빼고 날씬한 몸매를 뽐내는
각양각색의 무희 춤사위는 지칠 줄 모르고
발길 닿는 어느 곳이든 공연 길을 나선다.
_<봄축제> 중

  봄은 나무들이 푸른 낙원을 색칠하는 계절이고, 꽃들의 축제이고 또 향기의 상승으로 고귀함을 연상하면서 들썩이는 계절이다.
  "무희"들의 "초청"은 바로 잔치를 준비하는 계절을 암시하고 2연에는 각시들의 싱싱한 모습이 육감적인 비유, 그리고 잔치의 "인파"와 더불어 노래가 세상을 장악하는 기회가 도래했음을 알린다. 꽃들에는 윤기가 흐르고 다시 향기로 세상의 공간이 분주하면 벌과 나비들은 인파를 이루는 인간과의 대조를 형성하면서 더욱 바빠지는 계절, 꽃과 향기로 상승하는 것은 봄이 갖는 특별한 기회이면서 자연의 질서가 형성- 꽃과 향기는 서로 보완적인 상상으로 연결되기 때문이다.

시라는 존재는 외형보다는 내면의 통찰이 섬세할 때, 오히려 독자들의 심금을 자극하기 때문에 겨울에서 봄으로 진행하는 질서-겨울을 이겨내고 용기 혹은 고통을 지불하고 얻은 꽃과 향기의 상징에 감동을 수반하게 된다.

시인은 이런 풍경의 제시로 보여주는 흥겨움을 전달하면서 화려한 장마당처럼 분주해지면서 흥취에 젖는 모습을 그려내는 것이리라.

추계의 노래

시인은 계절적 감각을 유난히 예민하고 그곳으로 빠지는 경우이다. 이는 감각의 발달일 수도 있고 의도적인 계기일 수도 있다. 그러나 전자에 가까운 인상에서 진실된 시의 표현미가 발동되고는 하지만 봄날보다 가을의 이미지가 다수인 것은 아마 남자 사색의 정서- 낭만을 즐기고 고독의 사색에서 오는 " 외롭고 쓸쓸한 감수성"이 이런 분위기를 연출하는 것이 아닐까?

계절별로 따지면 가장 많은 시들과 가을을 전하고 있기에 이는 필자의 내면 정서에서 발동되는 기운이 시의 진로를 일어나게 만드는 이유로 돌리면 되지 않을까 한다.

『가을은』『가을 단상』『어느 가을날에』『추계 연가』『늦가을』『추억 가을』『단풍잎』등 가을의 시를 쟁취하면서 낭만으로 선행을 한다.

사색을 먹고 낭만을 먹으며
핏빛으로 토해낸 가을은
시간 갖는 풍경으로 저무는데
서리꽃 앙칼진 눈초리가 유난스럽다.

만추에 만삭의 절정 가을은
절벽 위 우두커니 고개 숙이고
찬바람에 발등 찍힌 낙엽은
야윈 모습으로 슬픔을 노래해
달랑 걸린 낙엽 하나
줄타기 곡예로 으스스 떨고 있네.
_<단풍잎> 중

조락(凋落)에서의 반응은 슬픔이거나 우울 앞을 가린다. 가을의 슬픔은 감정을 예민 반응하면서 주변의 모습에 슬픔을 고하는 것 같아 분위기에 젖는 것이 가을의 정서라 하겠다.

이는 질축한 슬픔이 아니라 순수를 찾아 나서는 인간의 보편적인 감정에 반응하는 양상이기에 가을의 정서에 여린 마음이 더욱 많아지는 듯하다.

낙엽에서 삶의 아픔을 노래하고 1연에 핏빛으로 토해낸 가을 앙칼진 서리꽃의 표정 3연에 줄타기 곡예로 으스스한 가을의 절정에서 느끼는 6연에 고개 숙이고 슬픔을 풍경으로 저무는 곡예하듯

위태롭다.

결국 필자의 마음에는 가을에서 슬픔을 반영하는 낙엽의 슬픔과 대칭을 이루는 인간의 모습에서 가을의 정서가 시로 나오는 것이 아닐까? 한다.

아무튼 가을의 사색을 마음껏 즐기려 하는 필자는 팔자가 좋은 것인지 아니면 계절 감성에 젖어 마음의 자아가 요동을 치는 것인지 유치하다고 느낀다.

에필로그

한 인간의 시인이 영혼을 달래 주거나 밝은 곳으로 인도하는 임무를 부여받는다고 한다.

시가 밝아야 꿈과 사랑 그리고 행복의 전도사가 되어야 하는 이유가 여기부터 발원하는 것이다.

그러나 곧 어둠이 햇빛의 상관에서 출발하고 절망이나 불행도 행복과 자유로 맞아 드리는 고통의 문이라면 필자는 일상의 생활에서 이러한 경험의 채득을 시화(詩化)하는 길을 스스로 만들며 여기서 개성을 발휘하게 된다.

시는 곧 시인의 개성의 문패가 되는 것이고 이를 확고하게 정착시키는 일은 시적 성취를 구현하는 일이기 때문이다.

산속에서 생활하는 필자는 이제 1년 정도 낯선 정서에서 적응하려고 노력 중이다. 사실 1편의 시는 언어의 결정으로 나타나는 것은 사실이다.

  더러 시는 비가 봄을 불러오는 상징으로 쓰이고 다음 단계는 꽃과 향기, 계절을 불러와 승화시키는 순서를 갖기에 꽃은 늘 천상의 이미지 향기로 나타내는 것은 순치하는 순리이고 이치라 하겠다.

  다시 말하면 가을은 따스함을 추구하는 이미지라면 가을은 시심의 동력을 제공하는 뜻에서 필자의 마음과 일체화된 가락으로 채워지는 것이기에 시인은 늘 가을의 중심, 계절의 중심을 배회하는 순수한 나그네이기 때문일 것이라고 확신한다.

  앞으로 계속 시를 그린다면 견고(hard) 간결(simple) 정확(precise) 선명(vivid)성을 현대 시라 특질로 언급했다면 필자는 따스하고(warm) 온화함(soft)을 합작한 "휴머니스트" 적 행장으로 그리고 싶다고 느끼면서 에필로그 한다.

프롤로그 의식의 기준(pattern)

자유 정신과 마음

매쉬아널드는 "종교를 대신하는 것은 시"라 했다.

인간을 사랑하는 일이 결국은 문학의 임무이자 사명이라는 명제 앞에서 종교는 인간 사랑의 헌신에 목표라면 다양한 의견이나 사고는 화려한 문학의 정원을 이룩하는 것에 한국문학도 서로 사랑하는 구원의 메시지를 통해 문을 열어야 할 보편적인 소명이라고 필자는 굳게 믿는다.

그렇기에 마음이란 정신을 나타내는 창구이고 정신은 마음을 움직이는 중추적인 기능을 하기에 마음과 정신은 분리되는 것이 아니며 하나로 통합된 의식이지만 때론 서로 다른 몫으로 나타날 수도 있는 것이다.

정신보다 마음에서 행동으로 전환되는 길이 빠르기 때문이다. 왜 그런가 하면 정신의 중심보다 마음은 쉽게 변하는 과정에 쉽게 접근하기 때문이다.

여기서 정신의 줄기가 있고 마음에 가지로의 역할을 하기에 쉽게 적응할 수 있지만 정신은 오뇌(懊惱) 고뇌(苦惱)를 통해 마음을 조종하는 기능을 하는 것이기 때문이다.

색채가 마음에 반응하는 것은 마음이 앞서고 정신은 뒤에 호불호의 선택으로 남는다.

정신이 없다는 말과 다르게 마음이 없다는 말에는 거절의 뜻이 함축되었음을 뜻한다. 그렇기에 색은 민족마다 결정된 결과가 다르게 나타난다. 중국은 황하강의 영양으로 황색은 정색이고 우리는 신분 차이에 따라 백색은 백성(피지배층)의 옷에서 비롯되었다. 삼국시대는 3가지로 색을 구분하였고 집의 칸도 신분에 따라 달랐다. 100은 완전의 개념으로 왕의 소유라면 99칸은 신분 높은 신하의 집을 상징했다. 색채 또한 이런 원칙에 의해 백색- 백의민족이라는 말은 하층 백성에게 허용된 옷의 색에서 유래했다. 흑심은 백색 바탕에서는 금시 나타나는 번역의 상징 개념을 띠게 된다.

신석정의 시는 푸른색으로 자유 정신을 나타냈고 그 구체적인 암시를 보면 별이나 꿈으로 형상화된다. 신석정의 첫 시집 『촛불』은 30년대 어둠의 일제하에서 어떻게 시인의 의식이 빛 혹은 색채로 지향하는 진로를 설정했을까? 라는 의문에서 출발한다.

상징적인 절차를 추적해 보기로 하겠다.

운모처럼 투명한 바람에 이끌려

가을이 그 어느 먼 성좌를 넘어 드니

푸른 가을의 대낮을 하얀 달이 소리 없이 오고 가며

밤이면 물결에 스쳐나가려는 바둑돌처럼

흰 구름 엷은 사이사이로 푸른 별이 흘러갑디다

남국의 노란 은행 잎새들이

푸른 하늘을 순례한다 먼 길을 떠나기 비롯 하면

산새의 노래 짙은 숲엔 밤알이 쌓인 잎새들을 조심히 밟고

묵은 산장 붉은 감이 조용히 석양 하늘을 바라볼 때

까마귀 맑은 소리산을 넘어들려 옵디다

어머니

오늘은 고양이 조름짓는

너 후원의 따뜻한 볕 아래서

흰 토끼의 눈동자같이 붉은 석류알을 쪼개어 먹으며

그리고 내일은 들장미 붉은 저 숲길을 거닐며

가을이 남기는 이 현란한 풍경들을 이야기하지 않으렵니까

가을이 지금은 먼 길을 떠나려 하나니

_<가을이 지금은 먼 길을 떠나려 하나니> 중

   이 작품에서는 많은 색채를 동원했다. "푸른 하늘"의 청색과 "흰 달"의 백색의 대비와 "밤의 어둠" 그리고 "푸른 별"과 "노란 은행 잎" "바람" "붉은 감" "석양 하늘" "까마귀" "맑은소리" "어머니" "숲

길" 등 신석정 시인의 색채가 거의 전부 동원하였고, 구체적인 시어가 망라되어 나타난다.

공간은 가을이고 이동의 메시지를 통해 어둠에서 별이 있는 곳으로 진행하는 시인의 의식을 엿볼 수 있다. 물론 그 무드는 다소 쓸쓸하고 나이브(naive)할 뿐만 아니라 순수를 찾아 나서는 나그네 의식을 발동하는 정서가 내포되고, 미지의 공간으로 떠나려 하는 생각이 먼 길로 설정되어 시적 특성을 함축하고 있다.

신석정은 푸른 하늘과 노란 은행과 바다, 하늘 등 많은 시어에 색채를 담아 자신의 마음을 나타낸다. 이는 시인의 정서가 지배하는 심리적인 현상을 뜻하건만 신석정 시인의 시의 독특한 입지를 암시하기도 한다.

푸른 하늘 그리고 푸른 숲과 푸른 바다의 이미지를 동원하여 어딘가 깊은 공간을 지향하는 의식을 가지고 있고, 이는 궁극적으로 어머니 즉 어둠이 모태 의식을 지향하는 절차를 수행하기 위해 황혼을 예비하면서 별이나 꿈을 마련하려는- 신석정의 순진무구한 정서는 때로 나약한 의식으로 유추할 수도 있지만 깨끗함이 곧 아름다움이고 순수가 곧 평화와 안식으로 연결되는 의식임을 짐작할 수가 있다.

신석정의 패턴은 A 자유 의식의 B, 이동의 이미지 C, 황혼의 진입 D, 어둠=어머니 혹은 꿈으로 연결된다.

기본 정서의 줄기

자유 의식

시인은 자유 정신을 구현하는 방법으로 이미지 선택에서 의도를 나타낸다. 물론 의도는 때로 주제를 선명하게 구사하는 핵심적인 발언으로 다가드는 듯하다.

시인이 시를 쓰는 이유는 바로 독특함으로 형상화한 자기 발언이 시적인 방법으로 발언될 때- 시는 항상 긴장과 긴축 그리고 함축에 따른 언어의 탄력을 위한 상징에서 시인의 말은 숨겨져 있어 순박하고 검소한 혹은 질박한 표정이지만 그 내용엔 다양한 의미의 줄기가 있어야 한다. 결국 시인이 자기의 말을 고백하기 위해 지난한 시적인 의장을 필요로 하는 이유이기도 하다.

신석정의 시는 이미지가 다소 장식적인 함정에서 벗어나지 못한 언어경제의 문제가 대두 되지만 비교적 뚜렷한 의도를 내세우고 있다.

시어는 하나의 의미만을 위한 것이 아니라 엠비규어티(ambiguity)의 특성을 벗어날 수 없기 때문이다. 실제로 시는 추상적인 혼란을 야기 하는 것이 아닌 감동을 수반하는 감수성을 내포해야 있어야 한다고 한다.

신석정의 시적 의도는 자유 의식. 비교적 선명한 최종 종착지를 갖고 있다. 푸른 하늘 혹은 청색의 이미지로 포장된 낙원 의식 또는 어머니와 별 등 다양한 의미를 가지고 있으면서 의식의 항해를 펼치고 있는 듯하다.

따뜻한 햇볕 물 위에 미끄러지고

흰 물새 동당동당 물에 뜨듯 놀고 싶은 날이네

언덕에는 푸른 잔디 해치는 바람이 있고

흰 염소 그림자 물속에 어지러워

묵은 밭에 까마귀 그 소리 한가하고

오늘도 춤이자졌다. 하늘에 해오리

이렇게 나른한 봄날 언덕에 누워

나는 푸른 하늘 바라보는 행복이 있다.

_<푸른 하늘 바라보는 행복이 있다> 중

'푸른 하늘'이 최종 목적지로 설정되었다. 얘기하자면 청색은 이육사나 한용운의 시에서도 구원의 메시지 역할을 수행한 것이었는데 신석정의 시에도 청색(푸른 하늘)은 미지의 공간으로 설정되었고 이 공간은 시인이 안주하려는 최종 거처를 암시한다.

이는 밤이나 별이 떠오르는 곳 혹은 숲이나 어머니의 의미와 등가를 이루는 점에서 가야 할 곳이면서 시인의 자유의지가 도달하려는 종착지의 상징이다. '햇볕' 혹은 '흰 물새'와의 결합에서 밝은 정서의 표정이 2연에 이르면 '푸른 잔디'를 헤치는 '바람'이 있고 '흰 염소'의 결합에서 누른 색채와 흰 색채가 어긋난 암시이지만 밝은 느낌으로써 3연에 전해진다. 즉 까마귀는 신석정의 시에는 불행의 의미가 아니라 오히려 친근함을 전달한다. '까마귀와' '해오리'의 한가한 춤이 이어지면서 '나는 푸른 하늘 바라보는 행복이 있다'라는 종착에 이른다.

'푸른 하늘'은 인간이 도달하려는 마지막 공간이다. 때문에 하늘은 인간이 도달하고 싶은 장소이고 가야 할 미지의 지점으로 설정된 이미지가 된다고 보는 것이다. 색채로 표현하면 청색을 바라보는 행복에 빠지게 되는 것이다.

사실 행복은 누구나 주관적이다. 때로는 시인이 추구하는 행복이란 의미가 상식적으로 일체가 될 수 없다 할지라도 자기만의 세계를 구축하는 과정을 포기할 수는 없는 것이다. 이는 개성의 표현으로 나타날 수 있으며, 개성은 차별화라기보다는 독특한 자기만의 세계를 구축하는 일이 되기 때문이다.

'이렇게 나른한 봄날 언덕에 누워/ 나는 푸른 하늘 바라보는 행복이 있다'는 신석정이 누리는 행복감-바라보기의 즐거움- 이는 모두가 누리는 행복의 절대 조건은 아니라도 편안함을 느끼는 것이 공통된 마음이 아닐까.

2) 이동의 이미지 정서

인간의 의식 세계는 각기 다른 형태로 자기화한다는 것이다. 왜 그런가 하면 환경이나 성장의 여건 혹은 성품 등에 의해서 자기 구축의 방편이 다를 수 있으며, 인간은 태어날 때부터 3살까지는 무조건 모성 즉 어머니가 정성스럽게 키워야 성년이 되어도 모성애의 사랑이 연결된다는 여러 학설 등이 있다. 그렇기에 인격이란 생물학적인 유기체가 사회적인 세계와 상호 소통 혹은 작용하므로 생긴 것이기 때문이다.

  신석정이 그의 고향이라는 공간에서 멀리 벗어난 일생을 살지 않았다는 것은 광장공포증이 심리를 지배했다고 한다. 이는 그의 고향에서 쉽게 접할 수 있는 자연풍광이 인격의 주요 인자가 되었음을 뜻한다. 시의 내용에서 동양적인 생각을 지녔고 기법에선 이미지스트적 측면을 나타내었으며 시각적인 심상을 제시한 시인이었다는 현대문학 회장이셨던 김용직 선생의 말은 다소 합당한 말이 아니었나 하는 생각이다.

  어머니
  만일 나에게 날개가 돋쳤다면
  산새 새끼 포르르 포르르 날아가듯
  찬란히 피는 밤하늘의 별 밭을 찾아가서
  나는 원정(園丁)이 되오리다 별 밭을 지키는
  그리하여 적적한 밤하늘에 유성이 보이거든
  동산에 피는 별을 따던지는 나의 장난인 줄 아시오.
  그런데 어머니
  어찌하여 나에게는 날개가 없을까요?
  _<날개가 돋쳤다면>

  이미지와 이미지의 연결고리가 날개로 의미가 된다면, 시인의 의식을 전달하는 다음 행동의 전달 매개체가 필요한 갈증이겠다.

만약에 가정을 동원하여 '새'처럼 목적지에 도달할 수 있는 능력을 열망하지만 '어찌하여 나에게는 날개가 없을까요?'의 자각처럼 장난의 방도가 새와는 다른 물상으로 선택되는 듯하다.

3) 늙음의 진입

어둠으로 가는 길에 황혼(늙음)을 만난다. 신석정의 시에서 어둠은 안식과 꿈 그리고 별이 뜨는 본향으로서의 귀환을 의미할 때, 전 단계로 황혼은 가교역할을 하고 있다. 황혼은 마지막을 장식하는 휘장이지만 역시 아름다움을 부추기는 감각은 사실일 것 같다. 밤의 아름다움을 맞아드리기 위해서는 늙음의 예비가 있어야 한다면 이를 가장 적절하게 표현한 시인은 신석정이 아닌가 하는 것이다. 이는 거쳐야 하는 절차이며 또 숙명적인 만남을 뜻하는 일도 되기 때문이다.

신석정의 시에서 색채는 은행나무의 노랑 의미와 푸른 하늘의 청색 그리고 붉은 기미의 황혼 또 밤으로 들어가는 어둠의 검은색들이 조화를 이루고 있어 그의 다양한 마음의 풍경화를 대면할 수 있기 때문이다.

물론 어둠이 침실 혹은 안주의 꿈을 맞아드리는 공간이기에 일제강점기의 어둠과는 다른 공간에 있음을 뜻한다. 즉 천래의 시적 감수성을 아름다움으로 맞아드리는 순수 그 자체라는 뜻으로 사회의식을 시의 전면으로 드러내지 않는 시인은 아닐까, 하는 생각인 것이다.

황혼을 전별하고

밤을 영접할 때

저 깊은 삼림들은 작은 산새들로 하여금

황혼을 전별하기 위하여 거룩한 음악회를 연다고 합니다.

그러길래 숲을 넘어가던 나의 어린 비둘기들이 돌아오지 않는 것은

아직도 음악회의 구경이 끝나지 않은 게지요.

_<밤을 맞이하는 노래에서> 중

'황혼을 전별하고/ 밤을 영접할 때'를 반복 사용하면서 1연에는 음악회를 구경하느라 돌아오지 않는 비둘기들의 기다림이 있고, 2연에는 구름들이 한가한 여정을 바라보는 시인의 모습과 3연에 밤이 야회복을 입고 다가오는 환상적인 상상과 하늘에는 별들을 지키고 삼림에 있는 갸륵한 산새들을 추운 날씨로부터 지키겠다는 적극성을, 4연에는 촛불을 켜고 앉아 인생을 사색하는 명상의 시작과 밤의 일과가 끝날 때까지 지켜주는 보호자의 호소로 막을 내린다. 객관적인 위치에서 밤으로 향하는 마음과 스스로를 지켜주기를 소망하는 주관적인 호소가 교차하면서 안주로 가는 길에 황혼은 가교의 임무를 훌륭히 수행하면서 황혼에 명상의 길을 닦는 임무가 주어지는 인상이다.

4) 어둠의 변용

인간의 의식은 반응하는 데서 생의 의미가 담긴다. 그러나 그 반

응의 밥법은 같은 것이 아니라 사람에 따라 각기 다른 속성을 갖는다.

어둠에서는 정지하고 빛에서는 활동하는 것이 생명체의 대체적인 특성이다. 그러나 어둠을 안식으로 삼는 것은 한낮의 활동을 예비하는 의미도 있지만 신석정의 시에서는 어둠이 다른 시인들과는 다른 의미로 사용된다. 밤이 꿈을 기르는 공간이고 별이 뜨고 안식을 찾는.

환영할 만한 이름의 어둠이다. 즉 꿈, 별, 어머니를 만나는 일은 어둠에서 불을 켜고 상상의 여행을 떠나는 것이 시의 의미- 때문에 촛불은 곧 시인에 의식과 공유하는 구체적인 공간이 되는 것이다.

새 새끼 쪼르르 포르르 날아가 버리듯
오늘 밤하늘에는 별도 숨었네.
풀려서 틈 가는 요즈음 땅에는
오늘 밤 비스듬히 스며들겠다.
어두운 하늘을 제쳐보고 싶듯
나는 오늘 밤 먼 세계가 그리워
비나리는 촐촐한 이 밤에는
왜 감껍질이라도 지근거리고 싶구나!
나는 이런 밤에 새끼 꿩 소리가 그립고
흰 물새 떠다니는 먼 호수를 꿈꾸고 싶다.
_<촐촐한 밤> 중

촐촐하다는 것은 배고픔의 기운이 약간 있다는 사전적인 의미가 있다고 볼 수 있겠다. 그러나 여기서는 식욕으로의 배고픔이 아니라 밤에 대한 간절성이 느껴진다.

이는 '나는 오늘 밤 먼 세계가 그리워'라며 미지에 대한 그리움을 배고픔으로 나타냈음을 유추하면 '새끼 꿩 소리와' '흰 물새 떠다니는 먼 호수'에 대한 그리움에 젖는다. 이 꿈은 소박하고 환상적인 그리움의 대상- 물론 미지의 느낌이 강하다. 시는 일정한 대상을 정해놓고 호소하는 예술이 아니다. 다만 미지의 공간을 향해 상상력의 옷을 입히면 되는 것이다. 신석정의 시는 이런 상상의 여행이 소박하고 다소 수식적인 것이 사실이지만 밤에 새끼 꿩 소리와 흰 물새 떠다니는 호수- 그런 공간이 어딘지는 모를 일이다. 더구나 비가 땅을 적시는 밤의 고요는 곧 시인의 마음에 담긴 심성과 정서의 그림인 것 같다.

에필로그 –꿈과 행복

동화의 나라를 꿈꾸는 것은 그만큼 투명함과 순수를 지향하는 시인의 정서와 맥락을 같이 하는 것 같다. 이는 시인의 성품이기 때문에 보이는 것이나 느끼는 상상의 모두가 동화적인 아름다움을 이미지로 하여 엮어졌고 『촛불』에서의 시는 전반적으로 현실을 장식으로 치장하여 꿈꾸기에 접근되어 시의 진행은 푸른 하늘을 열망하는 자유 정신의 구현에 있고, 이를 위해 이동의 메신저 역할로 바람이나 물, 강이나 호수 혹은 새들의 나래에 시인의 의식을 실어 전달하는 느낌이다.

　황혼은 이런 전달의 입구를 장식하는 화려함이고 꿈으로 이동하는 단계로서의 미감이 되는 것같다. 신석정 시인 시의 종착은 어둠-밤에서 꿈을 엮는 일에 몰두하고 그 꿈의 인식은 다이내믹함이 아니라 수동적이고 기다림의 미학이라는 점에서 소극적 방법으로 일관된다. 이는 시인의 성품을 나타내는 또 다른 고백과 상통되는 점에서 그의 시는 곧 시인의 개성과 일체화를 이루었지 않았나 하는 점이다. 신석정 시인의 모든 시를 평할 수는 없었지만 대부분 맥이 상통되는 점을 느끼고 나간다.

　다시 한번 그의 기다림의 미학이라는 점을 배우고 익히면서 또 다른 나를 발견하면서 개선할 점이 무엇인가를 섭렵하며 나가려 한다.

시의 풍경 이미지

시의 맥락

거울은 자기를 비추는 대상화이면서 자기를 바라보는 인간의 지혜가 담겨 있다. 이는 스스로를 알기 위한 나르시스의 비극적인 인식이다.

스스로를 안다는 것은 비극의 출발이면서 또한 비극을 벗어나는 역설적인 방편이 된다. 다시 말하면 스스로를 아는 일에는 인간만의 고뇌가 따르고 여기서 벗어나기 위한 참담한 노력이 경주되어야 하는 것이다. 자기를 모르는 무지의 결과는 맹목이 슬픔에 빠지는 비극이라, 이런 현상은 어차피 인간의 숙명적인 일인 것이다.

소크라테스는 "너 자신을 알라"는 말로 교육의 근본을 삼았고, 공자는 인, 예수는 사랑, 그리고 석가의 자비 등은 곧 스스로를 알고 타인을 의식하는 인간화의 길을 제시하기 위한 우회적인 표현이었던 것이다.

그렇다면 시는 무엇인가? 시 또한 시인의 마음을 비추는 거울의 반영이 아니겠는가. 시는 마음의 거울인 것이다. 시인의 마음을 시적인 방도로 표현하는 점에서 시를 만나는 것은 곧 시인의 마음을 만나는 것과 같은 것이다.

다만 예술은 향수자의 이해를 쉽게 하는 평이성(平易性)이 아니라 비유나 상징 혹은 역설 등의 기교를 동원하여 언어로 포장한다. 결국 시는 시인의 마음을 바라보는 풍경화의 감상일 뿐인 것이다. 젊은 사람에게서 생동감이 보일 때면 환희의 이름이 다가오고 나이에서 오는 깊은 성숙의 모습을 바라볼 때는 가을의 소슬한 바람이 얼굴을 스치는 깊이를 방문할 수도 있고, 여인의 향기에서는 기쁨의 향기가 다가온다.

이처럼 시를 쓰는 사람의 모습을 바라볼 수 있다는 점에서 저마다 다른 광경을 목도하게 되는 것이다.

마음의 길

살아있는 사람은 길을 가는 것이다. 가령 짐승이 산길을 가거나 아니면 사람이 왕래하면 그 흔적은 틀림없이 길이 되기에.

이 길을 통해 문화가 만들어지고 인간의 교감이 왕래하면서 새로운 세계를 찾아 나서는 모험이 진행된다. 콜럼버스의 여행도 신대륙을 찾아 죽음과 바꾼 새로운 창조의 길을 열었다면, 과연 과학의로 이룬 아폴로 10호는 달을 여행함으로써 기계 매커니즘의 높은 단계를 연출했지 않았는가.

그렇지 않았다면 미답(未踏)의 정상을 향해 죽음을 무릅쓰고 에베레스트를 정복한 것도 결국은 길을 내는 작업 즉 새로운 길을 만들면서 인간의 호기심을 충족하는 것이 문화요 문명의 이름으로 전환되는 것이다.

터벅터벅 거리며 시골길을 가는 농부에서 도로를 질주하는 자동차 또한 이런 목적과 부합되는 행동일 것이다.

그러나 시라는 것은 늘 지난(至難)한 고통 속에서 아름답고 독자를 울리는 시가 되어야 한다는 것이다. 시적인 사람의 풍모와 경치와는 달리 정작 시를 쓰는 당사자는 그와는 반대로 그와는 반대와 상반된 고달픔, 혹은 고통을 호소함을 흔하게 발견한다.

글을 그리고 만드는 작가는 온갖 시련을 견디면서 아름다움을 빚어내는 목적과 꿈이 있으며, 그 목적을 위해 신명을 바치면서 고행의 길을 마다 않고 창작과 심미를 운위에 힘쓴다.

그만큼 말과 행동에 신중하여야 하여야 하기에 시인의 운명은 결코 시적인 탄성과는 달리 험로의 길에서 의미를 건져 올리는 고행자의 길인 것이다. 하여 여기에 왜! 라는 의문사 앞에 서며 고달픔과 아픔의 상처를 받으면서도 그 아픔을 제거하는 일이 보편적일 테지만 왜 그런 아픔과 상처를 숙명으로 받아드리는 시인의 길을 가려 하는가?

 이에 해답이란 잉태하는 것이라고 말하고 싶다. 가장 아픔과, 고통, 상처를 받으면서 잉태하는 것이 반복되면 곧 멋진 글, 아름답고 사랑이라는 말이 귀결되기 때문이다. 시는 또 그렇게 잉태 되어야만 품의(稟議)로 포장되는 것 일게다.
 작금의 시인의 숫자는 급격하게 많은 양으로 팽창하고 너도 나도 시인이라고 지칭하는 사회가 되었다. 시를 창작하기 위한 고행의 길을 걸어온 사람들이 아니라 의무 교육에 명찰 달기처럼 맞춤법도 모르는 사람이 시인의 이름을 달고 가장 이곳 저곳 잡지에 기웃거리는 일이 다반사이고 또한 시집도 분주다사하게 발간하는 일이 요즘의 풍경인 것 같다.
 문제 아니 요점은 왜 시를 쓰는가의 목적의식이 나변에 있다는 점에서 시인의 길이 아닌 권력과 금품의 굴레에서 자신을 한껏 높이려는 풍경이 연출되는 현실이 참으로 이해가 되지 않는 물음표이다.
 이제 겨우 20여 명의 시인 논을 쓰고 있는 본인도 아직이라는 물음표가 따라 다니는 것은 사실이다. 그러나 근세기부터 현대에 이르기까지 상당한 시인의 작품, 수필작품, 소설, 시나리오 등 내 나름대로 섭렵했다고는 하나 아직도 목적, 존재, 가치에 대해 풀어놓으라면 함량 미달이라 본다.

그러나 많은 시인들의 작품을 읽어보면서 느끼는 소감은 예나 지금이나 정작 진정한 시인의 작품은 매우 희소하다는 결론에서 아쉬움과 공허가 느껴진다. 요란스럽고 왁자한 시인의 작품도 읽어보면 다소 실망의 그물에 허우적거리는 일이 다반사이다. 작품의 과다가 문제가 아니라 정신이 올곧게 투척된 작품이 없이 음풍농월(吟風弄月)의 한가한 작품에서 그저 그렇다는 말이 사실이기 때문이다.

대가들은 많지만 걸맞는 작품에서는 수사가 너무 많아 작품성의 가치가 없음이 실망으로 교환이 된다는 뜻 일게다. 시인들의 문학 가치가 희소성이 결여된 작품들을 모두 체에 걸러서 블라인드 평가를 한다면 과연 얼마나 가치가 넘치는 작품이 있을까 하는 물음표이다. 물론 평론의 부재와 공부와 연구를 하지 않는 학자들의 수준 등이 적나라하게 드러날 것도 사실일 것이지만 말이다.

아무튼 의식의 평준화라는 문제를 직시하고 깨달으며 허상을 걷어내는 일로부터 우리 문단의 의미를 부여해야 하지 않을까 하는 것이다.

매번 같은 푸념이지만 내가 몸 담고 있는 지부에도 젊음의 창작을 불러 일으켜야 하지만 구시대적인 발상으로 지체가 높고 나이가 많다 하여 돌려 막기 식으로 지부를 운영한다면 과연 얼마나 창작의 의미가 부여될지는 물음표이다.

끼리끼리 노는 지부가 아니라 많은 젊은 시인들을 물색하여 창의적인 발상으로 지부가 자유스럽고 민주적인 절차로 앞날이 기대되는 유능한 젊음들을 찾고 찾아 미래를 위해 모든 것을 내려놓는다면 지금보다는 더욱 활발하고 생기가 넘치는 지부가 될 것이라 확신하며 찬란한 빛이 내려질 것이라 믿어 의심치 않는다.

　지부의 장을 내려놓으면 고문으로서의 자문만 하고 직접 관여하지 않는 방식의 지부가 되어야 하는데 어찌된 것인지 콩 놔라 팥 놔라 하는 모습이 필자가 보기에는 희망이 없음을 보는 것 같아 아쉬움이다. 물론 연세가 많다 하여 하지 말라는 법은 없다. 필자 또한 나이가 익어가기 때문이다. 다만 편들끼리 모여 편들끼리 지부를 운영하는 모습이 보이기에 하는 말이다.

　이곳에 귀촌하여 정착한 지도 어언 10여 년이 되어가지만 하나도 변화되는 것을 보지 못해 본인 스스로 나와야겠다는 생각이지만 괜시리 평지풍파 아니 잘난 척 하는 모양새에 그냥 보고 듣고 유구무언인 것이다.

　본인은 여러 지부에서 함께 생활을 해보았지만 이렇게 여기처럼 부자연스러운 지부는 처음이 아닌가 한다. 이제 모두를 포용하여 예술의 도시인 지부가 된다면 자신들의 언어적 운위와 심미를 가려내는 풍부한 양식이 되어 도약하고 감수성이 넘치는 창작의 지부가 될 것이다. 5차원 시대로 접어드는 이때 안내문, 회의록 등을 아직도 펜으로 작성하는 것이 자신을 높이려는 의도로 밖에는 보이지 않으며 뒤에서 모두 코치하고 관여 하는 모습이 너무 실망스러운 것이 나만의 생각일까? 강조하지만 이제 그 굴레에서 벗어나기를 촉구하는 바이다.

　지부가 서로의 눈치만 살피다 시인들의 표정이 수척하다면 이는 시인들의 임무가 방기(放棄)되었거나 지부의 풍토는 잡초밭의 이름밖에 되지 않는다.

그렇게 해야만 의식의 평준화가 된다고 보는 것이다. 그 틀을 깨는 것이 바로 지부를 살리는 길인 것이라 본다. 잠시 현실의 안위를 생각하는 마음에서 일탈을 한 것 같다.

다시 평론으로 들어간다.

봄바람 자리
_김영미

봄바람은 무게는 없고 의식의 존재는 있다고 한다. 허나 그것을 증명하려면 허무 앞에 허우적거리는 것이 바람의 이름이 아닐까?

바람도 여러 가지 천태만상이다. 샛바람, 하늬바람, 높새바람, 마파람, 봄바람 등의 이름이 많지만 느낌으로 아는 것이지 눈으로 확인하는 것은 불가능한 사실이 세상에는 존재한다는 것이다. 바람, 공기, 세상만사 이치는 의미가 있을 때만이 유추할 수 있는 것이다.

봄은 꽃바람

여름 더위 바람

겨울은 눈 꽃 바람

흔들린다. 사뿐시리

아! 가벼워라

　_<꽃바람>

무릇 봄이 오면 꽃이 향기로 발산하고 존재를 알리며 이를 옮겨주는 바람이라는 것은 이면의 함축이 들어 있고, 여름에는 더운 바람 또는 시각적인 이름으로 닥아 오는 터이고, 겨울에는 눈 꽃 바람의 이름도 바람에 의해 실상을 보여주는 존재이고 이 것들이 시인 앞에 닥아 올 때 그 가벼움의 감탄은 통찰에서 갖는 "흔들린다." 와 가벼움뿐이다.

왜냐하면 사물의 이면을 관찰할 때, 나타난 의식의 결과물이 "아 가벼워라! 로 정리 되는 것이다. 김영미의 시는 보여주는 것에서 느끼는 것으로 변환 하면서 감수성을 빨아 드리는 것 같다고 볼 수 있다.

마음의 자아
_박시연

시대가 변해간다. 이른바 시인도 변화 되어 마음의 실상을 각인 시키고 시각적, 자아의 애고를 정립하여 일반 대중들의 독자를 감동 시키는 시가 되어야 한다. 시인이 대중 독자들에게 어필할 수 있어야 하며 정신적, 마음의 상처를 씻어줄 수 있는 글이 되어야 하는 의무가 있다고 본다. 그것이 세상을 어루만지는 작가라 할 수 있다고 본다.

그렇다면 문학은?

심미를 볼 수 있는 판단과 혜안이 있어야 하지만 아직 마음을 치유할 수 있는 시어의 시가 그렇게 풍요롭지가 않다는 것에 허전이다.

모든 시인들은 마음에 대처하는 길을 모색해야 할 이유가 나타난다.

　마음이 나를 버렸나 보다
　가슴이 조이고 조여
　눈으로 보나 마음으로 보나
　언제나 조바심이다
　마음의 자아가
　_<마음의 자아>

　마음의 Ego를 정립 못하는 것에 세상을 조바심으로 보는 마음이 안쓰럽다. 인간은 누구나 마음의 지도가 있는 것이기에 순간순간마다 참음과 인내로 지나고 있는 것일 게다. 좌고우면할 틈도 없이 재촉의 호흡이었던 박시연은 이제 마음의 자아를 본 것 같다. 신들린 사람처럼 살아온 일생을 살아오다 세월이 지나고 어느덧 오순에 더불어 마음을 들여다보니 마음이 자기를 버렸다고 한다. 마음을 버렸다고 하는 것은 그만큼 조바심에서 삶을 산다는 것이 아닐까?
　시라는 존재는 표현 대상과 시인의 의식과 일체화를 꿈꾸는 작업이라 본다. 다시 말하면 1+1은=2가 아니라 3의 전혀 다른 속성을 만드는 작업이 바로 화학적인 결합의 일체화인 것이다. 이는 시적 장치인 비유나 역설, 은유, 직유 등의 장치를 가동하여 시인의 재능을 나타내는 부분이기 때문이다. 이런 논지를 앞세우면 자아는 곧 시적화자인 시인으로 할 수 있다고 보기 때문이다.

현실을 바라보는 시인의 마음이 순백이어야 하여야 때문만은 아니나 현실에 대한 의미를 내장한 시인의 마음이 투영된 시어가 되기 때문이다. 누구나 자기를 보여주는 일에는 주저할 것이다. 왜냐하면 눈으로 보나 마음으로 보나 은신하고 은폐하는 속에서 자기를 얼 만큼 보호하느냐에 마음이 달라지기 때문이다. 그러므로 문학으로서의 표현은 결코 자화상 즉 마음을 그리는 작업이고 자기를 철저히 개방함으로써 진실의 숲(마음)에 들어갈 수 있다.

에필로그

시인은 모두를 위한 노래를 대중들에게 바치는 가수이기에 비록 서툰 곡조라도 신명을 바쳐야 하는 이유가 있는 것이다. 오늘은 내일을 향하는 징검다리이면서 결코 생략으로 처리되는 것이 아닌 꿈과 희망을 향한 노력이 배가 되어야 한다.

시인은 시인 자신을 말하는 우회적인 언어의 포착이기 때문이다. 일정한 향기를 발산하는 시인들이 되어주기를 기대하며…….

사물과 변형의 시

시라는 존재

　시라는 존재는 화학적 변화를 맞이하는 것이라고 흔히들 말하고 있다. 이는 대상을 있는 그대로를 바라보는 것이 아니라 전혀 다른 모습으로 표현하는 방법, 즉 상상과 창작이라는 작용이 가능한 일이라는 말이다. 시를 쓰는 일은 이런 이치이고 시의 상상력은 사물을 물활적으로 살아나게 하는 역할 뿐만이 아니라 새로운 이미지와 의미로 탄생하는 일정한 절차를 거쳐야 한다는 것이다.
　이러한 능력은 시인 개인의 전적인 역할이면서 시인의 능력에 귀속되는 이유가 될 것 같다. 또한 시는 사물을 어떻게 보느냐의 따라 개개인 눈이 작용하는 것이다. 보는 시인 마음에 따라 시시각각으로 달라지기 때문에 얼마나 창조적이고 상상적인 물상을 보느냐에 따라 창조의 이름을 올릴 수 있는 것이다.

이연숙의 시는 다소 애매모호 하지만 일정한 시적 구축의 탄력을 가지고 명료한 이미지 구축과 변형의 길을 점검하기로 하자. 무엇이 무엇을 가져온다는 형태는 가장 기초적인 의식의 전달경로이다. 구름이 바람을 가져올 수도 있고 바람이 그리움을 실어오는가 하면 바람, 구름, 물 등이 사랑을 실어 오는 형태로 시심을 옮기는 방법이 아닌가 생각된다.

　<네가 내 곁에 없어도>나 <비로 오시나이까> 등이 시인의 정서를 승화시키거나 혹은 이미지 공간으로 끌고 가는 일정한 메신저 역할이 있어 목적지에 이르는 형태를 취하는 구성에서 그를 엿보게 된다.

　너를 보내고 설레는 마음
　눈 감아도
　모습 그대로인데
　세찬 바람이 불어도
　나 마지막 잎새로 남고 싶다.
　나 네가 없어도 그날을 기다리련다
　_<네가 내 곁에 없어도>

　역설적인 방법을 동원하여 "네가 내 곁에 없어도"라는 뜻은 너의 크기를 강조하려는 발상으로 출발하여 그리움의 간절함을 토하고 있다는 것에 방점을 두고 싶다. 시는 역설의 특성을 어떻게 살릴 수 있는가는 시인의 재능이며 시의 제작에 투영되는 의식의 집중화를 위한 특성이기 때문이다.

결국 너와 나의 결합은 허상의 네가 없어도 "눈을 감아도" "혹은 없어도" 반복에 따라오는 그리움은 하나로 길을 만들고 시의 구조에 응집되는 것이다.

먼 시야에 스치는 소리가
반가운 마음으로 가슴 열었더니
보고 싶다는 말도 하지 못하고
뿌연 빗물이 되어 오시나이까
그저 가슴까지 차오르는 그리움
애타게 불렀는데
멀지 않은 길 이제야 찾으시나요.
질퍽이는 늪에 빠져 헤어 나올 수 없어도
이 밤
기억에 고이 간직하겠나이다.
_〈비로 오시나이까〉

이연숙의 시는 물과 그리움의 특성을 잘 이해하면서 시인의 정서를 잘 이끌고 가면서 어떤 미지의 공간을 방문하여 변화를 맞게 되는 상황에 적응을 잘하는 것 같다.

그저 가슴까지 차오르는 그리움을 부르는 애절한 형상을 빗물로 인해 비로소 만남을 이루는 절차가 수행된다. 그리고는 "기억에 고이 간직하겠나이다"의 절규가 승화되어 경이로움마저 든다. 또한 후회가 없는 만남 즉 간직이라는 단어가 주는 메시지에서 나와 함께 일치한다는 뜻이기에 선택 또한 "이 밤"이 막다른 골목이지만 "고이 간직 한다"는 마음의 정서가 시인의 아름다움만이 남는 것이 아닐까도 하는 생각이 드는 것은 그의 고운 마음이라 할 것이다.

웃음마저 잃어버리고
숨 쉴 수 없이
늑골 뼈 속 아픔일 때

네가 그리우면
빗물로 찾아가
느릿한 거북이 되어
알몸으로 눕고 싶다.

비 내리는 바다의 바람으로
눈물 삼키듯 온몸 섞어
하얗게 부서지는 포말이 되고 싶다.
_〈바다 네가 그리우면〉

이연숙은 바다나 혹은 파도와 상관관계가 있는 듯하다. 아니면 그러한 곳에서 살고 있거나. 왜냐하면 주로 등장하는 바다, 혹은 파도, 강, 등의 이미지가 많은 것은 환경적인 요건에 의해 시의 이미지를 유추할 수 있다.

『보고 싶습니다』『언제부터인가』『내 고향 바다는』등은 물의 이미지가 주는 이동성을 통해 그리움의 추구 등 상당한 시어에 이러한 정서를 동원하는 것은 시인의 삶의 직접적임을 뜻하기 때문이다.

때문에 시어가 다를지언정 목적을 향하는 의도<Irention>에서는 동일한 구조로 결합하는 은유의 원리가 아닐까 한다.

자아에서 흐르는
뜨거운 입김 품어내며
네 전신을 지날 때
구겨진 가슴 움츠린 것에
적당히 젖은 채 펼쳐진 날개 위로
눈물은 다시 하얀 입김 피워 올리고
감추어진 지난 이야기
다시 기쁨이 되고 사랑이 되어라.
_<자아>

자아 즉 마음이라는 상징이 인간의 심장을 휘 돌아서 눈물로 변하고 다시 그 눈물은 수증기로 기화하여 하늘에 이르면 사랑의 기쁨을 가져오는 순환의 이어짐은 계속되는 것이기에.

이런 현상은 사랑의 영원성을 뜻하는 원<圓>으로서 개념을 나타내고 있다.『보고 싶습니다』『언제부터인가』『내 고향 바다는』등은 사랑의 순환은 언제나 노래로 다가오는 길을 만들고 있으면서 들려오는 소리의 감각에서 다시 천상으로 이어지는 것으로서 사랑의 고귀함은 시인의 정서를 따스하고 포근함으로 감싸는 온기의 삶의 길을 채색하는 인상이 풍긴다. 이는 고귀함으로 세상을 포장하고 시어로서 그리려는 자아가 형성되어 있기에 향기와 같은 사랑의 그런 아름다움이 아닐까 한다.

에필로그

시는 마음의 그림을 그릴 때 아름다운 정서가 채색되는 것이다. 어떤 사람은 무채색의 아름다움을 그릴 수도 있고 다른 사람은 화려한 유채색의 공간을 그릴 수도 있는 것이라고 믿는다.

이는 시인 개개인들만의 개성이고 창조의 기법, 상상의 기법이기 때문에 우열을 가릴 수는 없다. 이연숙의 시는 화려하기보다는 검소하고 열정적이기보다는 따스한 것 같다. 이런 현상은 그만의 개성이며 삶의 모습을 시로 투영하는 결과라 할 것이다. 왜냐하면 시는 마음이 그리는 자아가 창조하는 고백을 문자로 포착하기 때문이다.

이연숙의 시는 물기가 젖어 있다. 다시 말하면 물에 의해서 정서를 이동하는 특성이 있으며 시적 대상에 물기가 젖으면 화학적 반응으로 변화를 모색하고 변화를 수행하기 때문이다.

즉 다시 말해 물은 곧 아름다운 꽃으로도 변할 수 있고 무지개로 변화를 시키기 때문에 물로서 전달하는 기교야말로 아낌없는 찬사를 보내고 싶다. 이는 과학적인 개념이 우선하고 영원성을 믿는 의도를 느끼게 하기에.

특히 바다, 강, 모두 물로서 이루어져야 하기에 아름다움을 그리려 하는 아니 전달하는 독특한 시인- 이연숙의 시는 아마도 그렇게 물처럼 맑고 영원하다. 그리고 신선하다고 해야 할 것 같다. 앞으로 길이 보이는 것 같아 흐뭇한 기분으로 나가련다

스승의 상상 논(論)

상상이 주는 시의 세계

　시는 사실 역사는 아니겠지만 시인의 일생은 역사가 들어 있다는 사실이다이라고 필자는 강력히 주장하고 어느 자리에나 통용으로 주장한다. 왜냐하면 시인이 살아온 세월이 곧 상상의 나래를 타고 시로 안착하면 시인의 역사는 변용의 이름으로 시에 용해되는 것이다. 때문에 역사는 시에 에너지를 부여하고 시인은 이를 재료로 새로운 공간의 창조를 위해 새롭게 정신을 투척한다.

　한 사람의 시인은 때로 역사를 넘어 미지의 공간을 유영하면서 시의 나래를 펼치는 것이다. 이는 상상의 힘에 의지할 때, 비로소 가능의 입구를 발견하게 될 뿐만 아니라 영주로서의 역할- 시적 성공은 정신 서정에 건설의 완성일뿐만 아니라 시인을 영생의 이름으로 기억하게 되는 것이다. 물론 내 스승이라 해서 얘기하는 것은 아니라는 것을 미리 말해둔다.

후백 황금찬 시인은 1918년생, 미수(米壽)를 넘는 나이에도 여전히 문학행사에서 축사를 빈번하게 하실 뿐만 아니라 제 시집 출간 때도 축사를 하셨으니 왕성한 집필의 에너지를 발산하는 놀라운 모습을 뵈며 경의로움을 느꼈었다.

대체로 시집을 발간하는 평균치의 기간이 3년쯤인데 비해 후백 황금찬 시인은 이를 상회한다. 나이가 들면 젊은 날의 감수성에 매달리는 앙상한 표현이 대부분이지만 황금찬 시인의 시는 새로운 변경을 찾아 두리번거린다.

고희(古稀) 무렵에 발견했던 정신의 흔적(Trauma)이 20년 후에 어떻게 변모하고 있는가를 발견하는 것도 매우 흥미로운 현상이다. 큰 윤곽에서 볼 때 1956년 박두진 시인이 지적한 대로 "평범한 주제와 인생을 보는 눈도 일부러 기발함을 꾀하지 않는" 황금찬 시인의 시는 여전히 동일선상에서 정서의 평형을 유지함은 다름이 없다. 그러나 세월의 변화에 따라 인간이 변하는 길을 갈 수밖에 없다면, 첫 번째 변화는 회고의 시들이 많은 비중으로 분포되었을 뿐만 아니라, 자연과의 대화에서 원숙한 내면의 소리가 들리고, 시 공화국 서정 논 건설의 포부가 두드려진다. 아울러 새와 나비, 그믐 그리고 호수 등이 여전히 시 의식의 중심을 장악하고 있다는 것을 엿볼 수가 있다.

정신의 중심 표정
회고의 길 찾기

돌아보는 것은 아름다움이다. 물론 아픔이 있는 돌아봄이라 할지라도 아름다움의 추억이 아니겠는가? 고향, 어머니 등을 생각하면 고향의 이미지는 차라리 숙연한 정서를 동원하는 미감(美感)에 포위되곤 한다.

더구나 젊은 날들의 친구에게서는 눈물겨운 기억이 풀려나고 그 이야기는 애달픔으로 부추기는 길을 헤매게 될 때 무거운 추억의 무게 앞에 스스로를 내려놓을 수밖에 없다. 또한 아스라함이 더욱 심각할수록 돌아갈 수 없는 길 찾기는 아름다움과 애절함을 가중하는 방황이다.

황금찬 시인은 청록파 시인 중에서도 묵월에 대한 추회(追懷)가 남다르다. 시적인 증거를 통해 정신의 입구로 들어가 본다.

낡은
책장을 넘긴다.

잠들지 않고
있었다.

음성은 옛날
병들지 않고

시간은

시집 안에

정지되어 있다.

목월 시집이다.
_『목월의 시집』 <음악이 열리는 나무>

첫 시집 『현장』에서의 목월이 2살 아래인 황금찬 시인에게 쓴 발문의 글이나, 『무제』라는 시에 들어 있는 절절한 우정과 존경의 뜻을 보면, 감회의 깊이가 평생 동안 얼마나 깊게 각인되어 있는지를 짐작할 수 있다.

"1952년 강릉에 계실 때, 1953년 처음 데뷔를 하니까요. 시를 가지고 박목월 시인을 만나려고 대구에 갔어요. 문인협회 사무소인데, 남의 집 2층입니다. 헌병들이 사용하는 트럭을 타고 가는데, 가다가 철사에 걸려 바지가 찢겨졌어요. 그런데 그 바지는 어떤 바지냐 하면, 광목 같은 데다가 물감을 들인 겁니다. 검정 물인데 새까맣지요. 푸르뎅뎅한 그런 거지요. 말이 아니지요. 그 찢긴 바지를 바늘이 없으니까 철사로 꿰매었어요. 그러니까 인간의 꼴이 말이 아니지요.

그걸 입고 대구 시내로 들어가니까 다른 사람들이 웃는 것 같아요. 웃지는 않겠지만 마음이 그렇게 느껴집디다. 그 집으로 찾아갔어요. 악수를 하더니 나의 찢겨진 바지를 보면서 이게 왜 이렇습니까? 오다가

찢겨졌어요. 그러니까 울기 시작합니다. 눈물을 막 흘리면서 이래요……."

_『공상 일기』《나의 시화 인생》에서

 최초 목월과의 조우에서 동족상잔의 비극에 대한 아픔을 눈물로 대변하는 모습이 처연하다. 이런 인연은 황금찬 시인의 깊은 우정이 되었고, "세상에서 나는/ 사람을 만났네/ 평생 어질게 어리석은 눈을/ 보았네"(『무제』)에서는 황금찬의 내면을 그리고 있다. 또한 유치환과의 우정- 서울에 사는 황금찬이 동성고등학교 학생들을 인솔하고 경주에 수학여행을 가면 음식을 대접했던 고마움의 우정이 순수로 포장되어 있다. 아마도 이런 우정은 황금찬 시인의 다정함이 빚은 추억임이 분명하다. 더구나 1950년 서울에 문인의 숫자가 165명이었음을 감안하면 시인의 관계는 친밀을 넘어 우정의 각별함이 요즘의 계산으로는 생각할 수 없는 그 무엇의 특별함이 있었지 않았을까?
 박목월에 대한 언급은 『성탄절』에서도 1959년 12월 24일 갈채 다방에서 시인 양명문과의 에피소드로 나타난다.
 『3시 30분』에서 목월의 추억은 회상과 더불어 청록파 시인의 이름으로 문을 두드린다.

"박목월 시집/ 산도화를 들고 새벽까지 앉아있다./ 내 젊은 날의 복장으로/ 구름이 찾아온다. / <중략> / 그래, 좋은 생각이야/ 열려 있던 시집을 덮었다./ 새벽이다./ 시집 속에는 어제와 오늘이 없다."
_『3시 30분』

새벽 3시 30분은 불면의 시간이다. 물론 잠 못 이루는 시간에 과거의 우정이 상념으로 일렁이면서 과거의 아름다움을 생각하는 저변에는 피할 수 없는 고독이 자리한다. 왜 그런가 하면 과거와 멀리 떠나온 시간의 간격.

더불어 우정을 나눌 수 없는 고독 때문에 과거의 집착이 나타난다. 이는 오늘을 위로하는 인자이면서 지나온 삶의 가치를 더하는 생각이 더하게 되는 것이다.

그만큼 박목월과의 관계는 더 할 수 없는, 어찌 보면 일방적으로 정리될 수도 있겠지만 『밤이 깊도록』은 송욱 시인과의 추상을 느낄 수 있다.

송욱 시인과
강가에 앉아 밤을 새운 일이
몇 번 있었다.
그 해가
1975년 여름이다.
7월 26일(?)
....
송욱이 일어서며

저 은하의 강물이 곧 쏟아질 것 같은데

그 시각이

새벽 3시 30분

그 송욱 시인은 지금

어디에 있을까?

_『공상 일기』〈밤이 깊도록〉

시인은 정에 굶주린 사람일 것이다. 따스하고 안온함에 쉽게 잠이 드는 정서를 갖고 있기 때문에 감동의 파동에서 쉽게 점령당하는 사람- 황금찬 시인은 그런 정서에서 항상 갈증을 느끼는 거인이다. 이런 이유 때문에 "평범이나, '기발함이 없는 진솔' 혹은 '수월한 당신의 서정에 압도당하는 행복이 자리잡을 수 있는 격이다. 기교를 부리고, 호기와 허세 앞에 초라해지는 시가 아니라 친숙하고 다정다감한 그리고 나긋한 속삭임의 시를 쓰는 황금찬 시인의 시는 항상 변함없는 정감으로 길을 넓히는 이유 때문에 지난날들의 우정에 갈급함을 느끼는 현재가 아쉬움으로 길을 넓히는 것 같다.

『그 집 앞』은 학자 강인산의 소박하고 어눌한 추억을, 『시인의 집』은 지금도 평창에서 살았던 김시철 시인의 경우를, 『금원에서』는 화가 박수근, 손웅성 그리고 지산에의 추억을 애달파 한다. 황금찬 시인의 시에는 실명이 많이 들어간다 운명을 달리 한 김종문, 장호, 조지훈, 정한모, 조병화, 김영태 혹은 후배 문인들, 또는 『미완성 교향곡』에 조영숙이나 『벽시계』에 최규창이나 바이런 혹은 불란서

3대 비련의 아벨라르와 에로 이즈 혹은 음악가 등이 다양하게 등장하는 것을 볼 수 있다.

이는 시인의 천성적인 다감성이 드러난 증거가 될 것이기 때문이다. 누구든 굴곡없이 대하는 마음, 그리고 사랑으로 앞서가는 마음이 없다면 누구도 황금찬 시인의 면모를 이해하기가 어려울 것이다. 그만큼 황금찬 시인은 순수하고 질박한 인간성으로 살아온 면모가 시인의 표정이고 시의 모습이 아닐까?

시의 세상 – 시의 모든 것의 상상

상상(Imagenation)과 공상(Fancy)의 차이는 Coleridge로부터 들을 수 있는 사실 이론의 정론이다. 즉 시간과 공간의 질서에서 해방되어 나온 기억의 형태이면서 아무것도 아닌 것을 공상이라 칭한다면, 상상력은 1차적인 것- 감각과 지각을 중개시켜주는 기능으로 무의식적인 것이라면 2차의 문학적 상상은 1차적인 것의 변형으로 시적 상상력일 뿐만 아니라 의식적인 의지를 강조하게 되는 것이라 본다.

물론 상상력이나 공상이 서로 연결 고리를 얼마나 유기적으로 설정하는가의 여부가 구분의 분기점이 될 수 있다면, 세익스피어는 광인과 연인과 시인에 동류항을 지적하고 있음도 구분에 대한 모호성을 의미하고 있다고 보는 것이다. 그러나 광인은 아무것도 아닌데 비해 시인은 의식적인 의지에서 차별성을 갖고 있다는 점이 다르다는 것이다.

황금찬 시인의 시의 표정은 먼 곳을 바라보는 시선이 점차 구체화된다. 물론 조급증이나 급한 느낌의 생각은 드러나지 않지만 일종의 지향을 꿈꾸는 상상이 길을 만들고 있다.

왜냐하면 시인은 자기 성주(城主), 즉 자기만의 나라를 세상을 건설하여 그 공간에 주인이기를 꿈꾸는 것은 당연한 일. 일종의 현실을 따라 유토피아를 건설하는 꿈을 꾸는 일, 공상으로 시작하여 구체적인 상상의 조감도를 만들게 되는 인간이기 때문이다.

그 나라에는 지번 도가 없었다.

나무, 풀, 꽃
토끼, 사슴, 노루,
이들의 영혼들이 세운
꿈의 세계
어느 곳에 가나
지번 도가 없었다.

그 까닭은
참으로 눈물겨웠다.
_『음악이 열리는 나무』「지 번호가 없는 나라에서」

나무, 풀, 꽃들의 이미지는 순하고 착하다는 느낌을 준다면, 토끼나 사슴 그리고 노루 또한 착하고 선량한 비유적 인상이 겹친다. 그러나 호랑이, 사자, 악어, 뱀 등은 강하고 약육강식의 기피적 사고를 벗어날 수 없을 것이다.

이 상반된 개념은 전자에서는 평화적인 이미지를 가질 수 있고, 후자에서는 원칙을 무시하고 '내가 하늘이요/ 곧 법이고/ 내가 하는 일은 진리라고/ 생각하는/ 그런 동물들은' 싸움과 전쟁의 소용돌이를 일삼는 악의 축이라면 시인은 이런 동물들을 멀리하고, 내 것이나 네 것이 없는 평화의 공간을 염원하는 뜻을 가진다.

이런 공간을 천국, 혹은 유토피아라 칭한다면 '이 세상에는/ 지번도가 없다'와 같이 염원의 노래를 부를 수 있게 된다.

마치 '고향을 두고 떠났던/ 새들도 돌아와/ 날개를 펴고/ 구름은 국경도 없었다.' 『주님의 뜻을 따라』처럼 자유 왕래의 땅을 그리워하는 뜻이 구체화할 수 있는 나라에 대한 시인의 꿈인 것이다.

태평양 바다 어느 곳에
섬이 하나 솟아올랐다.
하늘 새의 오른쪽 날개만 한 터를
무상으로 얻을 수 있었다.
그곳에서 구름으로 집을 짓고
상아로 장식한 다섯 칸의
시실(屍室)을 꾸민다.

시인들을 초대한다.

국적을 묻고 연대를 덮는다.

소포클레스, 단테, 밀튼, 괴테

테니슨, 롱 페로우,

이백, 두보, 도연명, 말라르메,

릴케, 발레라, 아폴리네르, 북원 백추,

칼 슈미 텔러, 서정주, 박두진, 청마, 박목월

_『공상 일기』「공상 일기」 중에서

    무의식적인 왕래. 즉 비현실적인 이유. '구름으로 집을 짓고'와 '상아로 장식한'에서 현실성을 일탈한 공상의 근거가 제시되는 것 같다. 그러나 이 꿈은 비유적인 표현이기 때문에 하등에 장애를 유발하는 것은 아니다. 또한 국적이나 언제, 어디서 살았는가는 중요한 조건이 아닐 수 있다. 다만 시인의 이름- 착하고 선량한 식물이나 토끼, 사슴 혹은 노루 같은 마음을 가진 시인이기에 잘났다는 행동이나 위압적인 위협이 없는 오로지 사랑과 평화의 목적을 위해 헌신하고 노래하는 시인의 세계- 이상을 향한 노래가 될 것이기 때문이다.

    사실 이는 불가능할지도 모른다 이 때문에 꿈을 노래하는 것이 시인의 주요 임무라면 현실성 혹은 실현과는 아무런 상관관계가 없을 것 같다. 오로지 사랑과 평화의 공간을 향해 꿈을 노래하는 일이면, 인간사는 악의 땟물에서 벗어날 수 있기 때문이 아닐까?

이를 구체화하기 위해 시인은 세계 평화의 방 그리고 인류의 자유, 절대 사랑, 핵 반대 운동과 마지막에는 모든 악을 몰아내고 하늘 사람을 마음으로 받아들이는 다섯 개의 방에, 시인들은 자기 마음에 드는 방에서 작업을 하면 된다는 뜻을 내포한다.

물론 시간의 제약이 있는 것도 아니고, 자유로운 선택과 주제로써 꿈을 그리는 목적에 일치하면 된다는 뜻일 게다. 왜냐하면 시인의 세계는 제한이나 구속 혹은 선택의 강요에서는 꿈의 길을 훼방하기 때문일 것이다. 그렇다면 시인의 공상은 허무한가? 라는 의문 앞에 서게 된다.

이에 대해서는 시인은 꿈꾸는 사람, 오로지 꿈을 꾸는 착한 사람이기 때문에 시인에게 간섭이나 꿈의 종류를 묻지 않는다는 간명한 자유인의 해답이 도출되는 것이 아닐까 서술해본다.

자연의 육화

바라보는 모든 자연과 느끼는 자연이 있다면 전자보다 후자에서 더욱 심화된 의미를 만날 수 있을 것이다. 오감의 80%가 시각에 의존하는 양이라면 눈으로 보고 느끼는 것을 우리는 흔히 과학이라고도 하고 현상적 표현이라고들 한다. 작두 무당이 시퍼런 작두날에 올라가 맨발로 서서 춤을 추는 이치나, 시인이 시의 신을 불러오는 것- 이를 Ecstasy라 한다면 이에 대한 정확도나 과학적인 설명은 벽에 부딪치고 만다. 때문에 눈으로 현상적인 것보다는 오히려 심안(心眼)에서는 천리길도 투시할 수 있는 것이 시인의 마음인 것이다. 왜냐하면 사물을 마음으로 볼 때 오히려 새로운 것 그리고 신기한 것, 그리고 창조적인 것을 찾아내는 인간의 마음을 과학은 도저히 설명할 수 없기 때문이다.

  황금찬 시인은 사물을 마음으로 바라보는 담담함을 발견한다. 이는 모가 나거나 각이 져서 명료한 것이 아니라 오히려 모든 사물을 포용하는 데서 오는 마음의 평정에서 발견되는 표현미라 할 수 있을 것이다.

눈이 내리는 소리는
어느 마을의 발자국 소리

네가 내 곁을 떠나던 날
그 발소리 위에
눈이 내리고

어디쯤 가고 있느냐
눈이 내리는데
소리도 없이

눈은 울고 있구나
네 마지막 음성이다
창 앞에

피아노와
　바이올린이 울고 있구나
　-『고향의 소나무』「눈 내리는 소리」

　시는 감각의 통합 작용이 빚은 조화미라면 편양성을 넘어선 또 다른 지평을 만나는 일이 감각의 지평을 넘는 조화의 일이 될 것 같다. 왜냐하면 따로따로 구분되는 의식이기보다는 오히려 하나 속에서 다양함의 특색을 만나는 이치인 것이다.
　이는 감각의 통합성이 될 것이기 때문이다. 자칫 혼합해서 오는 혼란을 부추기는 우를 범할 수 있지만, 원숙의 길이 열리면 이러한 이치는 염려를 넘어 조화를 이룩하게 된다.

　시에서 결점 중 장식적(裝飾的)인 요소는 이미지의 과시 혹은 꾸밈으로 인해 시적 팽창을 방해하지만 한약에서는 독약조차 적절한 배합으로 양약(良藥)이 되는 경험의 배합은 시에서도 예외가 아니다. '눈이 울고 있구나'는 시인의 마음을 의탁한 정서이고 '눈이 내리는 소리'는 내면의 소리를 듣는 시심일 때 울려오는 조화의 소리로 들리며 그렇게 보이는 것 같다.

　지금까지 나는
　달에도
　귀가 있다는 것을

모르고 있었다.

....

아! 달에도

귀가 있어 다 듣고 있구나

그때 은행나무가

"나도 듣고 있는데" 하는 것이다.

달과 은행나무

풀벌레 다 울고 있구나

울지 않는 것은

나 혼자뿐이었구나

_『공상 일기』「귀가 있는 달」에서

풀이나 벌레조차도 언어를 가지고 있다. 이 같은 미물들에게도 사랑을 보이면 활기찬 모양을 보이고, 사랑을 갖지 않고 무관심하게 대하면 우울한 양 표정을 짓는다. 인간만이 우월한 의식을 갖기 때문에 간과하는 점- 독선적 인간 사고일 것이다.

자연과의 대화는 인간의 언어 이전에 언어가 존재한다. 시인은 이런 언어를 이해하고 해득하는 독특한 감수성을 가지고 있다. 꽃을 노래하면 꽃은 즐거운 표정으로 살아나고, 우는 마음을 가지고 바라보면 울고 있는 대화를 나누는 것이다. 황금찬 시인은 자연과의 대화를 할 줄 아는 경지에 있다고 본다.

새, 나비, 호수

새와 나비나 호수 그리고 구름은 황금찬 시인의 시의 정신적인 흔적물이다. 왜냐하면 자기 정화 혹은 수양의 방편이 되기도 하고 의식을 이동하는 메신저의 기능을 수행하는 시어들이 되기도 하기 때문이다.

새는 자유정신의 표상이면서 인간이 미치지 못하는 하늘의 길을 만들기 때문에 동경의 대상이었다. 이는 하늘의 의미와 결부되면서 신비감을 자극했고, 인간의 꿈을 실어 나르는 대상으로 미화도 될 수 있다. 그러나 황금찬 시인은 새는 과거와는 다르게 변했다. 비극의 잉태 속에서 울음을 우는 일이 비일비재했지만 연세 90세에 이르서는 보다 진보된 영생의 이미지가 겹쳐지기 때문이다.

새들도 늙어가는가.
그리고 삶의 문을 닫는가.
새들은 늙지 않는다.
병들지 않고
새들의 병원은 지구 어디에도 없다.
그리고 새의 의사도 없다.
_『공상 일기』「새들의 일생」

스승 황금찬 시인의 작고 하시기 전시에는 단호하게 마침표를 찍는 시가 상당한 빈도로 많아지는 것을 볼 수 있다. 이는 확신하는 시어이며 여백을 줄이는 기교일지도 모르겠다. 새들의 병원을 보았는가. 아니면 새들이 암에 걸려 병원에 입원하는 것을 보았는가. 그러나 새들은 하늘을 나르며 자유롭게 날고 또한 세상을 유영하면서 내일을 맞는 꿈과 비상의 의미를 버리지 않는 듯하다.

이와 비교되는 인간은 병원 그리고 구원의 종교 간판이 즐비할지라도 악의 깊이는 더 깊어지고 슬픔의 넓이는 더욱 확장되는 삶에 목을 매는 인간의 욕심과 갈망- 갈수록 희망과 사랑의 반대편이 기승을 부리는 인간사와 다른 이유는 자연과 친화된 삶을 살아가는 새들의 정신에서 영생의 의미가 도출된다는 점이다.

때문에 황금찬 시인은 "새는 무덤이 없다/ 공동묘지도/ 종교가 없는/ 새의 영혼은/ 어디로 갈까/ 꽃의 영혼들이 가는/ 그 나라일 게다 <새>와 같이 꽃과 새의 동일성은 곧 시인의 마음을 대변하는 이미지로 고착되는 듯하다.

호수가 있다.
그 호수엔 이름이 없다.
해가 뜨고
별과 달이 언제나 지기만 했다.
고향과 깊이를 모른다.

내 어머니와
그분의 어머니도

이 호수에서 머리를 감고

수경 속에서 웃었다고 했다.

나는 호숫가에서 많은 사람을 많았다.

장자, 이백, 그리고 두보

박목월, 소월, 영랑,

라이너, 마리아, 릴케

폴 발레리

_『공상 일기』「호수」

  무심(無心)의 호수는 관조의 경지에서 만나는 이름일 것이다. 관조는 사고의 철저화라면 이는 구분이 없는 무경계의 경지를 가질 때, 만난 만날 수 있지 않을까? 마음의 티끌이 일렁이면 이미 파문에서 사물의 모습은 일그러지고 왜곡되는 모습으로 다가오기때문일 것이다.

  모든 사물을 있음 그대로 받아 드리는 경지는 호수가 갖는 진경(眞景)일 수 있고, 또한 호수가 누리는 호사스러운 이미지가 될 수 있기 때문이다. 참 진실이 숨 쉬는 곳이기에 그곳에서 어머니의 수경을 볼 수 있고 어머니의 웃음을 발견하는 길이 열리는 것이다. 그리고 진실을 말하고 사랑을 위해 헌신하는 위대한 시인들- 장자, 이백, 두보, 목월, 영랑 등을 만나는 절차가 호수의 마음으로부터 비롯되지 않았을까?

순수에는 순수의 길이 들어있고, 바람에는 바람의 길이 있는 이 치처럼 시심의 안온함에는 그런 시인들의 얼굴이 다가온다는 길을 확인한다.

황금찬 시인의 전반적인 시의 변화는 90길로 오면서 형이상학적인 형편이 많아지는 듯했다. 지상의 메시지가 줄어들고, 그리고 철학적인 암시가 앞장선다는 뜻일 게다.

'평화와 기쁨' 혹은 '생존의 무게' 그리고 '꿈의 천사'를 암시했던 70세까지의 이미지인 나비가 시 속에서 줄어들었다는 변화는 즉, 자존의 메시지가 줄어들고 평안하게 사물 바라보기라는 느낌을 갖는 것 같다. 이는 맹목의 인간 모습에서 자기를 의식하지 않는 변화의 상징이 아닐까 한다.

어느 꽃나무에서
이 꽃나무로 날아왔을까.
나비는 그것을 기억하지 못한다.
지금 앉아있는 꽃나무밖엔
아무것도 모른다.

지금 날개를 펴면
또 어느 방향으로 날아갈까.
그것도 정할 수 없다.

나비에겐 금지 구역이 없다.
이것은 나비의 절대 자유이다.
그리고 나비에겐 내일이 없다.

꽃향기가 날아오면
나비는 더듬이를 앞세우고
따라간다.
 _『나비』「음악이 열리는 나무」

　원시적 인간 문명의 때가 덜 묻은 인간, 시골의 촌부 같은 인간을 지칭하는 말이 있다. 나비를 읽으면서 이런 원시적인 느낌이 앞서고, 여기에 곧 황금찬 시인의 모습을 연상하는 것도 무리는 아닐 것이라 본다.
　언제나 계산이 없고 누락하고 순수하기 때문에 시인의 체취에는 언제나 믿음의 줄기가 솟아나는 듯하다. 그러나 강의(剛毅)라는 의지의 굳셈이 전제될 때라야 질박과 어눌함이 있을 수 있고, 비로소 꾸밈이 없는 천의무봉(天衣無縫)의 경지에 들어갈 수 있다는 것을 스승을 통해 배웠으니 이 또한 필자의 큰 양식이 아니겠는가.
　다시 말을 한다면 방향은 있으나 방향이 없는 곳을 지향하고 목적이 분명하나 그 목적의 길은 어디에도 없는, 오로지 무심의 경지를 찾아가는 길은 결코 있음과 없음을 나누는 일이 아니기 때문일 것이다.

Epilogue 하면서

추억과 지난 시간은 언제나 질축한 정서를 이끌고 오지만 황금찬 스승님의 시는 이제 달관의 숲에 들어 무게를 느낄 수 없는 경지에 올랐다고 보는 것이 맞을 것이다.

길을 재촉하는 인상이나 혹은 조급증이 없는 지상의 시인은 다시 세계의 미지 건설을 꿈꾼다고 한다. 그러나 그 경지에는 아름다운 순수와 투명한 의식을 가진 시인만을 위해 문을 열고 싶어 하는 것이기 때문에 이는 상상으로 빚은 낙원의 이름일 때 꿈꾸는 스승의 모습에서 숙연해진다.

자연의 육화는 대상과 대상이 경계를 갖지 않을 때 더욱 많은 소리를 들을 수 있다고들 한다. 심지어 풀과의 대화나 새들과의 대화에서 있고 없음을 넘는 천의무봉을 지향하는 순수의 깊이를 방문하게 되는 순간, 스승인 후백 황금찬 시인은 시는 이제 그런 길을 열어놓고 손짓을 보내는 모습이 작고하신 지금 이 순간도 모습이 선하다. 자상하고 인자하고 순진무구한 모습이 구순을 넘어도 상상을 초월하는 스승의 시를 지금도 나는 시가 아니라 상상의 세계라 불러야겠다.

무의식의 평행

발행일 2024년 11월 25일

지은이 이승섭
발행인 이수하
펴낸곳 마음시회

등록 2021년 4월 12일(제021-00012호)
주소 서울시 마포구 월드컵로 41-1 정일빌딩 4층
전화 02) 336-7462
팩스 0504) 370-4696
이메일 maumsihoe@naver.com

ⓒ이승섭 2024

값 16,500원
ISBN 979-11-989702-3-7 (03810)

잘못 만들어진 책은 바꾸어 드립니다.
이 책의 판권은 저자와 마음시회에 있습니다.
양측의 동의 없는 무단 전재와 복제를 금합니다.